Alexandre Teplaira Boum
Jean-Pierre Corriou
Abderrazak Latifi

Commande prédictive d'un procédé de raffinage de pétrole (FCC)

Alexandre Teplaira Boum
Jean-Pierre Corriou
Abderrazak Latifi

Commande prédictive d'un procédé de raffinage de pétrole (FCC)

Commande prédictive d'un craqueur catalytique à lit fluidisé (FCC) et estimation des paramètres-clés

Presses Académiques Francophones

Impressum / Mentions légales
Bibliografische Information der Deutschen Nationalbibliothek: Die Deutsche Nationalbibliothek verzeichnet diese Publikation in der Deutschen Nationalbibliografie; detaillierte bibliografische Daten sind im Internet über http://dnb.d-nb.de abrufbar.
Alle in diesem Buch genannten Marken und Produktnamen unterliegen warenzeichen-, marken- oder patentrechtlichem Schutz bzw. sind Warenzeichen oder eingetragene Warenzeichen der jeweiligen Inhaber. Die Wiedergabe von Marken, Produktnamen, Gebrauchsnamen, Handelsnamen, Warenbezeichnungen u.s.w. in diesem Werk berechtigt auch ohne besondere Kennzeichnung nicht zu der Annahme, dass solche Namen im Sinne der Warenzeichen- und Markenschutzgesetzgebung als frei zu betrachten wären und daher von jedermann benutzt werden dürften.

Information bibliographique publiée par la Deutsche Nationalbibliothek: La Deutsche Nationalbibliothek inscrit cette publication à la Deutsche Nationalbibliografie; des données bibliographiques détaillées sont disponibles sur internet à l'adresse http://dnb.d-nb.de.
Toutes marques et noms de produits mentionnés dans ce livre demeurent sous la protection des marques, des marques déposées et des brevets, et sont des marques ou des marques déposées de leurs détenteurs respectifs. L'utilisation des marques, noms de produits, noms communs, noms commerciaux, descriptions de produits, etc, même sans qu'ils soient mentionnés de façon particulière dans ce livre ne signifie en aucune façon que ces noms peuvent être utilisés sans restriction à l'égard de la législation pour la protection des marques et des marques déposées et pourraient donc être utilisés par quiconque.

Coverbild / Photo de couverture: www.ingimage.com

Verlag / Editeur:
Presses Académiques Francophones
ist ein Imprint der / est une marque déposée de
OmniScriptum GmbH & Co. KG
Heinrich-Böcking-Str. 6-8, 66121 Saarbrücken, Deutschland / Allemagne
Email: info@presses-academiques.com

Herstellung: siehe letzte Seite /
Impression: voir la dernière page
ISBN: 978-3-8381-4306-4

Copyright / Droit d'auteur © 2014 OmniScriptum GmbH & Co. KG
Alle Rechte vorbehalten. / Tous droits réservés. Saarbrücken 2014

Commande Prédictive d'un Craqueur Catalytique à Lit Fluidisé et Estimation des Paramètres

Remerciements

Ce travail a été réalisé au sein du laboratoire réactions et génie des procédés(LRGP) de l'Université de Lorraine et dans l'équipe Optimisation dynamique et commande avancée (ODCA).

Résumé

Le craquage catalytique à lit fluidisé (FCC) est l'un des procédés les plus importants au sein d'une raffinerie moderne, ce procédé est souvent considéré comme étant le "cœur des raffineries" et joue un rôle économique primordial. Le fonctionnement du FCC pose des problèmes d'opération liés à sa complexité. L'étude a porté sur la simulation du FCC, sa commande prédictive multivariable et l'estimation de paramètres-clés.

Après une revue de la littérature sur les FCC et les différentes approches de modélisation ainsi que des cinétiques de craquage, un modèle du FCC qui intègre les dynamiques importantes a été choisi pour les besoins de la commande prédictive. La simulation du riser a été effectuée pour différents modèles de craquage et a montré de grandes disparités entre modèles, créant une difficulté à définir un modèle général de riser pour les FCC. Outre le nombre de groupes considérés, les différences concernent la chaleur de réaction globale, les lois de formation de coke sur le catalyseur et la désactivation de ce dernier.

Des algorithmes de commande prédictive linéaire et non linéaire basée sur le modèle ont été utilisés pour commander le FCC en tenant compte de sa nature multivariable et des contraintes imposées aux variables manipulées. Les sorties commandées, température en haut du riser et température du régénérateur ont été maintenues proches des consignes, tant en régulation qu'en poursuite, tout en respectant les contraintes portant sur les deux variables manipulées, le débit de catalyseur régénéré et le débit d'air entrant dans le régénérateur. Une commande à trois entrées manipulées, incluant le débit d'alimentation, a également été testée avec succès. La commande prédictive linéaire avec observateur a fourni des résultats encore meilleurs que la commande linéaire quadratique. La commande prédictive non linéaire a été testée mais présente des problèmes pour une implantation en temps réel.

L'estimation du coke sur le catalyseur a été réalisée par le filtre de Kalman étendu, mais les erreurs d'estimation sont importantes, probablement à cause du choix insuffisant des mesures effectuées. L'ensemble de l'étude a montré que la commande avancée prédictive du FCC est performante et doit être recommandée, mais peut encore être améliorée en particulier par son réglage et l'estimation des états

Abstract

Fluid catalytic cracking (FCC) is one of the most important processes in a modern refinery and is of essential economic importance. The FCC operation presents difficulties related to its complexity. The study was related to its simulation, multivariable control and estimation of key parameters.

After a litterature review of the FCC, the different approaches of modelling and cracking kinetics, a FCC model that takes into account the important dynamics was chosen for model predictive control purposes. The riser simulation was carried out for different cracking models and shows great differences between these models, which makes it difficult to define a general riser model for the FCC. Besides the number of lumps, differences deal with the global heat of reaction, the coke formation laws and its deactivation functions.

Linear and nonlinear model predictive algorithms were used for FCC control taking into account its multivariable nature and the constraints imposed on the manipulated variables. The controlled outputs, temperature at the riser top and temperature in the regenerator were maintained close to their respective set points in regulation and tracking modes while respecting the constraints on the two manipulated variable, the flow rate of regenerated catalyst and the flow rate of air entering the regenerator. A control with three manipulated variables including the feed flow rate was also successfully tested. Linear predictive control with an observer gave better results than linear quadratic control. Nonlinear predictive control was tested but presents problems for real time implementation.

The estimation of coke on the catalyst was carried out using extended Kalman filter, but the estimation errors are important, probably due to an insufficient choice of measurements. The overall study showed that advanced predictive control of the FCC is efficient and must be recommended, but it can still be improved upon particularly by its tuning and state estimation.

Table des figures

1.1	Schéma d'une unité de cracking catalytique	4
1.2	Schéma-bloc du FCC	5
1.3	Schéma synoptique du modèle du réacteur	6
1.4	Schéma-bloc du modèle du régénérateur	8
1.5	Schéma du modèle du FCC Kellogg Orthoflow	9
1.6	Évolution technologique des FCC	10
1.7	Modèle à trois groupes	11
1.8	Modèle à quatre groupes	13
1.9	Modèle à cinq groupes	13
1.10	Schéma cinétique pour le craquage à six groupes	14
1.11	Modèle à sept groupes	15
1.12	Modèle à huit groupes	16
1.13	Modèle à dix groupes	17
1.14	Schéma de principe du régénérateur	20
2.1	Modèle à trois groupes : Fraction massique en coke le long du riser	34
2.2	Modèle à trois groupes : Fractions massiques le long du riser	34
2.3	Modèle à trois groupes : Température le long du riser le long du riser	35
2.4	Modèle à quatre groupes : Fractions massiques de coke et gazole . . .	38
2.5	Modèle à quatre groupes : Fractions massiques d'essence, gaz léger . .	39
2.6	Modèle à cinq groupes : Profil de fractions massiques le long du riser	42
2.7	Modèle à cinq groupes : Profil de température le long du riser	43
2.8	Modèle à six groupes : Profil de température le long du riser	45
2.9	Modèle à six groupes : Fractions massiques des pseudo-composés . .	46
2.10	Modèle à six groupes : Fractions massiques des pseudo-composés . .	46
2.11	Modèle à sept groupes : Profil de fractions massiques	49
2.12	Modèle à huit groupes : Profil de fractions massiques	52
2.13	Profil de gas oil ayant réagi le long du riser	53
2.14	Profil d'essence produite le long du riser	54
2.15	Profil de fraction massique de coke le long du riser	54
2.16	Profil de température le long du riser	55
2.17	Fraction massique du coke : modèle à 4 groupes dans les cas 1 et 2 . .	57
2.18	Température : modèle à 4 groupes dans les cas 1, 2 et 3	57
2.19	Fraction massique du coke : modèle à six groupes dans les cas 1 et cas 2 . . .	58
2.20	Profil de température pour le modèle à six groupes dans les cas 1 et 2	59
2.21	Profil d'essence pour le modèle à six groupes dans les cas 1 et 2	59

3.1   Schéma de l'implémentation de MPC   64
3.2   Principe de la commande prédictive   64
3.3   Commande en boucle ouverte avec perturbation   66
3.4   NMPC avec optimisation non linéaire   80
3.5   NMPC avec linéarisation successive   81
3.6   NMPC avec prédiction non linéaire et linéarisation   81

4.1   Schéma du processus d'identification   87
4.2   Réponse en boucle ouverte à un échelon du débit de catalyseur   87
4.3   Réponse en boucle ouverte à un échelon du débit d'air   88
4.4   Coefficients des réponses indicielles   89
4.5   Réponses indicielles du système et des fonctions de transfert identifiées . .   92
4.6   Commande QDMC 2×2, cas 1 : Variables commandées et manipulées   94
4.7   Commande QDMC 2×2, cas 2 : Variables commandées et manipulées   95
4.8   Commande QDMC 2×2 : Fraction massique du coke   96
4.9   Commande QDMC 2×2 : Fraction molaire d'oxygène   97
4.10 Commande QDMC 2×2 : Variables commandées et manipulées   98
4.11 Commande QDMC : Variables commandées et manipulées avec perturbation . . 100
4.12 Coefficients des réponses indicielles pour la commande QDMC 3×2 101
4.13 Commande QDMC 3×2 : Variables commandées 102
4.14 Commande QDMC 3×2 : Variables manipulées 103
4.15 Commande OBMPC 2×2 : Variables commandées 105
4.16 Commande OBMPC 2×2 : Variables manipulées 105
4.17 Commande OBMPC 2×2 : Variables commandées 106
4.18 Commande OBMPC 2×2 : Variables manipulées 106
4.19 Commande OBMPC 3×2 : Variables commandées sans bruit 108
4.20 Commande OBMPC 3×2 : Variables manipulées sans bruit 109
4.21 Commande OBMPC 3×2 : Variables commandées avec bruit 110
4.22 Commande OBMPC 3×2 : Variables manipulées avec bruit 111
4.23 Commande QDMC, cas 1 : Variables commandées 114
4.24 Commande QDMC, cas 1 : Variables manipulées 114
4.25 Commande QDMC, cas 2 : Variables commandées 115
4.26 Commande QDMC, cas 2 : Variables manipulées 115
4.27 Commande QDMC, cas 3 : Variables commandées 116
4.28 Commande QDMC, cas 3 : Variables manipulées 116
4.29 Commande QDMC, cas 4 : Variables commandées 117
4.30 Commande QDMC, cas 4 : Variables manipulées 117
4.31 Commande QDMC, cas 5 : Variables commandées 118
4.32 Commande QDMC, cas 5 : Variables manipulées 118
4.33 Commande QDMC, cas 6 : Variables commandées 119
4.34 Commande QDMC, cas 6 : Variables manipulées 119
4.35 Commande QDMC, cas 7 : Variables commandées 120
4.36 Commande QDMC, cas 7 : Variables manipulées 120
4.37 Commande QDMC, cas 8 : Variables commandées 121
4.38 Commande QDMC, cas 8 : Variables manipulées 121
4.39 Commande QDMC, cas 9 : Variables commandées 122
4.40 Commande QDMC, cas 9 : Variables manipulées 122

Table des figures

4.41 Commande QDMC, cas 10 : Variables commandées 123
4.42 Commande QDMC, cas 10 : Variables manipulées 123
4.43 Commande QDMC, cas 11 : Variables commandées 124
4.44 Commande QDMC, cas 11 : Variables manipulées 124
4.45 Echec de la commande NMPC avec $H_p = 20$, $H_c = 3$ 126
4.46 Succès de la commande NMPC avec $H_p = 3$, $H_c = 1$ 127
5.1 Algorithme du MHE 137
5.2 Coke estimé dans le régénérateur et le séparateur 141
5.3 Température mesurée et estimée dans le régénérateur 141
5.4 Fraction molaire d'oxygène estimée et théorique dans le régénérateur 142
5.5 Etude de robustesse : Température dans le régénérateur 142
5.6 Etude de robustesse : Fraction massique de coke dans le régénérateur 143
A.1 Modèle à quatre groupes 157
A.2 Réponses transitoires à un échelon de 5% du débit d'air 160

Liste des tableaux

1.1	Évolution technologique des FCC	9
1.2	Paramètres cinétiques par rapport à différents types de charge	12
1.3	Paramètres cinétiques	12
1.4	Paramètres cinétiques	13
1.5	Paramètres cinétiques et thermodynamiques du modèle à six groupes	15
1.6	Paramètres pour le modèle cinétiques à sept groupes	16
1.7	Paramètres cinétiques pour le modèle de craquage à huit groupes	17
1.8	Constantes cinétiques pour le modèle cinétique à dix groupes	18
2.1	Modèles de riser et leur utilisation dans la modélisation	32
2.2	Données du riser utilisées en simulation	33
2.3	Paramètres cinétiques	37
2.4	Masses molaires et capacités calorifiques utilisées	37
2.5	Dimensions du riser	37
2.6	Conditions de fonctionnement	37
2.7	Prédiction du modèle et écart par rapport aux données industrielles	38
2.8	Paramètres cinétiques du modèle	41
2.9	Comparaison des prédictions avec les données industrielles	42
2.10	Propriété du réacteur pour le modèle de craquage à six groupes	44
2.11	Masses molaires moyennes pour le modèle à six groupes	45
2.12	Comparaison des prédictions du modèle à six groupes	45
2.13	Comparaison du modèle à sept groupes	48
2.14	Propriétés du réacteur, alimentation et catalyseur : modèle à huit groupes . . .	51
2.15	Masse molaire moyenne pour le modèle à huit groupes	51
2.16	Comparaison des fractions massique et température de certains modèles . . .	55
2.17	Résultats de simulation pour le modèle de craquage à 4 groupes	56
2.18	Caractéristiques des modèles de craquage	60
3.1	Applications industrielles de la commande prédictive linéaire	65
3.2	Applications industrielles de la commande prédictive non linéaire	65
3.3	Liste des entreprises développant la commande non linéaire MPC	77
4.1	Valeurs stationnaires de variables importantes du FCC	85
4.2	Paramètres de commande prédictive	86
4.3	Données du FCC utilisées en simulation	86
4.4	Variables manipulées et sorties commandées	86
4.5	Fonctions de transfert	90
4.6	Paramètres de la commande MPC 2×2	94

4.7	Variables manipulées et sorties commandées	99
4.8	Paramètres de la commande MPC 3×2	102
4.9	Paramètres de la commande OBMPC 2×2	104
4.10	Paramètres de la commande OBMPC 3×2	107
4.11	Paramètres de réglage de la MPC	112
5.1	Paramètres de réglage du filtre de Kalman	140

Liste des symboles

C_G Coke sur le catalyseur dans le régénérateur

M_R Rétention du catalyseur dans le riser (kg)

T_R Température dans le riser (K)

ΔH_{vap} Enthalpie de vaporisation (J.kg^{-1})

σ Rapport molaire de CO_2 au CO dans le lit dense du régénérateur

WHSV   Débit massique de l'alimentation (kg oil.kg.cat^{-1}.h^{-1})

C_R Coke sur le catalyseur dans le riser

$C_{cokereg}$ Coke sur le catalyseur régénéré

$C_{p,fv}$ Capacité calorifique de la vapeur de l'alimentation (0.82 J.kg^{-1}.K^{-1})

$C_{p,f}$ Capacité calorifique de la nouvelle alimentation liquide (0.82 J.kg^{-1}.K^{-1})

C_{pair} Capacité calorifique de l'air (J.kg^{-1}.K^{-1})

C_{po} Capacité calorifique de l'huile (J.kg^{-1}.K^{-1})

C_{psteam} Capacité calorifique de la vapeur (J.kg^{-1}.K^{-1})

E_{acf} Énergie d'activation pour la formation du coke (J.mol^{-1})

E_{af} Énergie d'activation pour le craquage de l'alimentation (J.mol^{-1})

E_{ag} Énergie d'activation pour le craquage de l'essence (J.mol^{-1})

F_1 Débit de l'huile purifiée (wash oil) vers le riser (kg.s^{-1})

F_c Débit du catalyseur (kg.s^{-1})

F_D Débit d'alimentation (kg.s^{-1})

F_{coke} débit massique de coke sur le catalyseur dans le riser (kg.s^{-1})

F_{feed} Débit massique de alimentation (kg.s^{-1})

$F_{masregair}$ Débit d'air dans le régénérateur (kg.s^{-1})

F_{sG} Débit de catalyseur usé (kg.s^{-1})

H_c Horizon de commande

H_p Horizon de prédiction

L_f	Dérivée de Lie
M_{wcoke}	Masse molaire du coke (kg.mol^{-1}) ($= 14.10^{-3}$)
M_{wcoke}	Masse moléculaire du coke (kg.mol^{-1})
M_{wcoke}	Masse moléculaire du coke (kg.mol^{-1})
Q	Matrice de covariance
Q_{sr}	Chaleur nécessaire pour élever la température de l'alimentation (412 J.kg^{-1})
t_c	Temps de séjour dans le riser (s)
T_G	Température dans le régénérateur (K)
T_{boil}	Température d'ébullition de l'alimentation (K)
T_{feed}	Température de l'alimentation (K)
T_{ref}	Température de base pour le bilan d'énergie du riser (810.37K)
v_k	Bruit gaussien de moyenne nulle
W_c	Rétention du coke dans le régénérateur (kg)
W_r	Rétention du catalyseur dans le riser (kg)
W_{reg}	Rétention du catalyseur dans le régénérateur (kg)
x_{o2in}	Concentration de la fraction molaire d'oxygène dans l'air du régénérateur (0.2136)
x_{o2reg}	Concentration d'oxygène en fraction molaire dans le gaz quittant le lit dense du régénérateur
n$_{CH}$	Nombre de moles d'hydrogène par mole de carbone dans le coke
NMPC	Commande Prédictive non Linéaire
OBMPC	Commande Prédictive avec Observateur
QDMC	Commande Matricielle Dynamique Quadratique

Table des matières

Remerciements … i

Résumé … iii

Abstract … v

Table des figures … vii

Liste des tableaux … xi

Introduction générale … 1

1 Revue de la littérature sur les FCC … 3
  1.1 Généralités sur les FCC et leur modélisation … 3
    1.1.1 Historique du FCC … 3
    1.1.2 Description du procédé de craquage catalytique … 5
    1.1.3 Le réacteur … 5
    1.1.4 Le régénérateur … 7
  1.2 Différents types de FCC … 8
  1.3 Modélisation du FCC … 10
    1.3.1 Généralités sur les cinétiques de craquage … 10
    1.3.2 Modélisation du séparateur … 18
    1.3.3 Modélisation du régénérateur … 18
    1.3.4 Différents modèles intégrés de FCC … 19
    1.3.5 Critères de choix du modèle de FCC pour la commande … 25
  1.4 Description du modèle considéré … 26
    1.4.1 Riser … 26
    1.4.2 Séparateur … 27
    1.4.3 Régénérateur … 27
  1.5 Conclusion … 28

2 Simulation des modèles de craquage dans le riser … 31
  2.1 Introduction … 31
  2.2 Modèle de craquage à trois groupes … 32
  2.3 Modèle de craquage à quatre groupes … 35
    2.3.1 Équations du modèle de riser … 35
    2.3.2 Résultats de simulation … 36

	2.4	Modèle de craquage à cinq groupes	40
	2.4.1	Équations du modèle	40
	2.4.2	Résultats de simulation	41
	2.5	Modèle de craquage à six groupes	43
	2.6	Équations du modèle de craquage à six groupes	44
	2.7	Modèle de craquage à sept groupes	47
	2.7.1	Équations du modèle	47
	2.7.2	Résultats de simulation	48
	2.8	Modèle de craquage à huit groupes	49
	2.8.1	Équations du modèle	49
	2.8.2	Résultats de simulation	50
	2.9	Comparaison entre modèles	52
	2.10	Impact de la concentration du coke	56
	2.11	Conclusion	60

3 Généralités sur la Commande Prédictive Basée sur le Modèle — 61
- 3.1 Introduction — 61
  - 3.1.1 Historique de la Commande Prédictive basée sur le Modèle — 62
  - 3.1.2 Généralités sur la Commande Prédictive Basée sur le Modèle — 62
  - 3.1.3 Application de la commande prédictive dans l'industrie — 64
- 3.2 Commande Prédictive Basée sur le Modèle — 66
  - 3.2.1 Commande DMC pour un système SISO — 66
  - 3.2.2 Commande DMC pour un système MIMO — 70
  - 3.2.3 Quadratic Dynamic Matrix Control (QDMC) — 72
  - 3.2.4 Commande OBMPC prédictive avec observateur — 73
  - 3.2.5 Formulation dans l'espace d'état de MPC — 75
- 3.3 Commande Prédictive non Linéaire (NMPC) — 76
  - 3.3.1 Formulation mathématique de la NMPC — 77
  - 3.3.2 Commande dynamique matricielle non linéaire — 78
- 3.4 Synthèse des techniques d'implémentation des algorithmes de la NMPC — 79
  - 3.4.1 MPC avec optimisation non linéaire — 79
  - 3.4.2 MPC non linéaire avec linéarisation successive — 80
  - 3.4.3 MPC avec prédiction non linéaire et linéarisation — 80
- 3.5 Conclusion — 82

4 Commande Prédictive du FCC — 83
- 4.1 Commande du FCC — 83
- 4.2 État de l'art de la commande prédictive du FCC — 83
- 4.3 Modèle — 84
  - 4.3.1 Choix du mode de combustion — 84
  - 4.3.2 Paramètres de simulation — 85
- 4.4 Identification en boucle ouverte — 87
- 4.5 Commandabilité du FCC — 89
- 4.6 Commande QDMC du FCC — 93
  - 4.6.1 Généralités — 93
  - 4.6.2 Choix des horizons de commande et de prédiction — 93
  - 4.6.3 Commande QDMC 2×2 — 93

		4.6.4	Commande QDMC 3×2	99
	4.7	Commande OBMPC du FCC		104
		4.7.1	Commande OBMPC 2×2	104
		4.7.2	Commande OBMPC 3×2	104
	4.8	Réglage de la commande QDMC		112
	4.9	Commande NMPC		125
	4.10	Conclusion		128
5	**Observateurs d'état et estimation en ligne des paramètres du FCC**			**129**
	5.1	Introduction		129
	5.2	Historique des observateurs		130
	5.3	Observateurs des systèmes linéaires et non linéaires		130
		5.3.1	Principe d'un observateur	130
		5.3.2	Observateur de Luenberger	130
		5.3.3	Filtre de Kalman linéaire discret-discret	131
		5.3.4	Filtre de Kalman à temps continu linéarisé	132
		5.3.5	Filtre de Kalman étendu continu-discret	133
		5.3.6	Estimateur d'état à horizon glissant	135
		5.3.7	Observateur à grand gain	136
	5.4	Estimation des paramètres du FCC		139
		5.4.1	Résultats et discussion	139
	5.5	Conclusion		143

Références		**147**
A	**Modèle proposé**	**157**
	A.1 Amélioration du modèle de FCC	157
	A.1.1 Riser	157
	A.1.2 Équations du riser	157
	A.1.3 Séparateur	158
	A.1.4 Régénérateur	159

Introduction générale

Contexte et Objectifs

Le craqueur catalytique à lit fluidisé (FCC) est l'un des procédés les plus importants dans les raffineries modernes. Il est responsable d'au moins 40% de la production globale d'une raffinerie. Le fonctionnement du FCC est aussi l'un des plus complexes car il met en œuvre des couplages importants entre les différents réacteurs qui le composent. La maîtrise du fonctionnement du FCC ou tout au moins son fonctionnement à la limite des différentes contraintes peut apporter des gains considérables et une meilleure protection de l'environnement.

La commande du FCC reste un défi pour la communauté scientifique étant donné la complexité de son fonctionnement, sa nature multivariable et fortement non linéaire et la nécessité de tenir compte des contraintes de plus en plus importantes et l'impérieuse nécessité de le faire fonctionner à la limite des contraintes pour maximiser les gains. Plusieurs techniques de commande ont déjà été mises en œuvre pour le FCC partant du simple PI aux algorithmes de commande avancée.

La commande prédictive basée sur le modèle couplée à des observateurs apparaît comme étant l'outil idéal permettant de commander le FCC comme un système multivariable à la limite des contraintes tout en donnant la possibilité de surveiller de près son fonctionnement pour l'adapter aux exigences de la production. Cette commande est de plus en plus utilisée en milieu industriel.

Le présent travail de thèse vise, à partir d'une revue des modèles existants de FCC et des critères de choix d'un modèle adapté pour la commande, à proposer un modèle adapté pour la commande et utiliser ce modèle pour la mise en œuvre de la commande prédictive du FCC à travers des algorithmes linéaires et non linéaires. Par la suite, nous procéderons parallèlement à la commande et à l'estimation des variables clés du FCC en ligne utilisables pour les besoins de surveillance en mettant en œuvre les algorithmes d'estimation des systèmes non linéaire tels que le filtre de Kalman étendu.

Plan de l'étude

Ce travail de thèse se divise en cinq chapitres :

Le chapitre 1 présente la revue de la littérature sur les FCC, leur modélisation et la présentation du modèle du FCC qui sera utilisé dans la mise en œuvre de la commande prédictive et de l'estimation.

Le chapitre 2 présente les différentes équations des modèles de craquage avec des simulations comparées à des mesures industrielles.

Le chapitre 3 présente une revue de la littérature des algorithmes de commande prédictive linéaire et non linéaire ainsi que leurs différents domaines d'applications.

Le chapitre 4 présente l'application de la commande prédictive linéaire et non linéaire dans le cas du FCC.

Le chapitre 5 présente les observateurs d'état et une mise en œuvre pour l'estimation en ligne des paramètres du FCC à base du modèle choisi.

Chapitre 1

Revue de la littérature sur les FCC

> Si la branche veut fleurir, qu'elle honore ses racines.
>
> Proverbe Africain

1.1 Généralités sur les FCC et leur modélisation

1.1.1 Historique du FCC

Le craquage catalytique date du début du 20ème siècle. Ce procédé transforme, en présence d'un catalyseur, les coupes lourdes à longues chaînes d'hydrocarbures en coupes légères destinées à la fabrication du carburant.

La première opération de craquage a été effectuée par McAfee en 1915 (Sadeghbeigi, 2012; Sepeight, 2006). McAfee avait découvert que le chlorure d'aluminium était capable de craquer du pétrole lourd pour donner des produits à faible poids moléculaire. Le point faible du procédé de McAfee était la grande perte de catalyseur due au dépôt de coke sur sa surface.

La première unité commerciale de craquage catalytique a été mise au point en 1942 (Sadeghbeigi, 2000) à partir des recherches intenses de Eugène Houdry qui l'a breveté en 1928. Son procédé, considéré le plus performant à l'époque, consistait en une série de réacteurs à lit fixe en parallèle opérant en mode cyclique. Pendant que le catalyseur était utilisé, il se formait du coke à la surface ce qui diminuait son efficacité. Houdry a découvert que ce coke pouvait être brûlé, ce qui réactiverait le catalyseur et permettrait son utilisation. Ce processus fut appelé régénération.

On a très vite constaté qu'un lit fixe n'était pas la solution. C'est alors qu'est venue l'idée de constituer un circuit de recyclage entre le réacteur (riser plus séparateur) et le régénérateur. Ce mouvement assurait une activité constante du catalyseur minimisant la formation du coke. Ce système à lit mobile a augmenté le rendement de la production de l'essence de 15%.

De nos jours, le craquage catalytique à lit fluidisé est le procédé de raffinage le plus utilisé dans le monde (Meyers, 2003). La Figure 1.1 présente un schéma d'un FCC (Corriou, 1996).

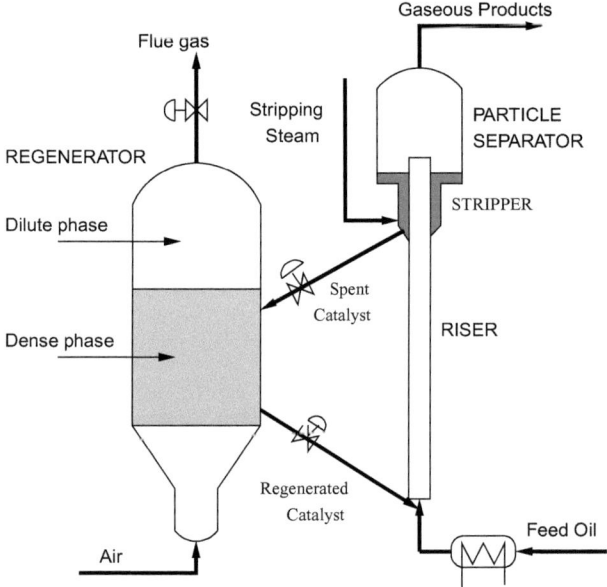

Figure 1.1 – Schéma d'une unité de cracking catalytique d'après (Corriou, 1996)

1.1.2 Description du procédé de craquage catalytique

Un craqueur catalytique (Figure 1.1) est constitué de deux parties majeures, à savoir la partie où a lieu la réaction de craquage avec le dépôt de coke sur le catalyseur et la partie où se produit la régénération caractérisée par la combustion du coke. La réaction de craquage de l'alimentation en hydrocarbure se produit au niveau du riser tandis que le régénérateur réactive le catalyseur en brûlant le coke déposé à sa surface.

L'alimentation du FCC est pré-chauffée à une température comprise entre 450-600K. Ensuite, elle est injectée à la base du riser avec une petite quantité de vapeur et se vaporise en rentrant en contact avec le catalyseur chaud de l'ordre de 900 à 1100K. Les vapeurs d'hydrocarbures subissent une réaction endothermique pendant leur ascension dans le riser qui est due à une pression plus élevée à la base du riser et à la faible densité du mélange catalyseur/vapeur. Le temps de séjour du catalyseur et des vapeurs d'hydrocarbures (en supposant que le catalyseur solide et les vapeurs ont le même temps de séjour) dans le riser est de l'ordre de quelques secondes. La température au sommet du riser est comprise entre 750 et 820K.

Le réacteur situé en haut du riser sert comme désengagement. Il permet de séparer les particules de catalyseur des vapeurs à l'aide de cyclones. Les vapeurs récupérées entrent dans le fractionneur principal. Le catalyseur utilisé s'écoule dans le stripper situé en bas du réacteur où les hydrocarbures restant sur sa surface sont extraits par injection de vapeur. Le catalyseur usé est renvoyé à travers une ligne de transport vers le régénérateur.

Dans le régénérateur, le catalyseur est réactivé par combustion du coke déposé à sa surface en utilisant l'air injecté à la base du régénérateur. Cette réaction de combustion sert également à maintenir la température du lit entre 950-980K pour un craquage de gazole. Le catalyseur régénéré est renvoyé en continu dans le riser à travers un autre circuit contenant une vanne dont le rôle est de réguler l'écoulement du catalyseur régénéré, de maintenir la pression nécessaire dans le régénérateur et de le protéger d'un écoulement inverse (Sadeghbeigi, 2012). Le FCC peut être décrit selon un schéma-bloc (Figure 1.2).

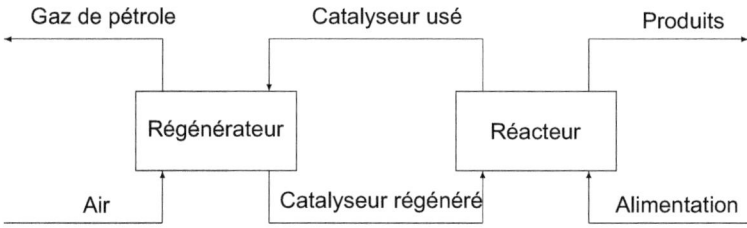

Figure 1.2 – Schéma-bloc du FCC (Vieira et al., 2005)

1.1.3 Le réacteur

Le réacteur (Figure 1.3) est schématisé par (Han and Chung, 2001) en quatre parties, la vaporisation de l'alimentation, le riser, le réacteur lui-même et les cyclones et enfin la séparation.

Chapitre 1. Revue de la littérature sur les FCC

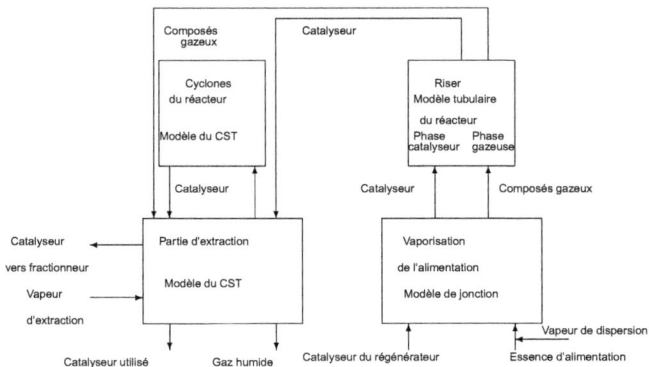

Figure 1.3 – Schéma synoptique du modèle du réacteur (Han and Chung, 2001)

La vaporisation de l'alimentation

L'alimentation se vaporise quand elle rentre en contact avec le catalyseur régénéré chaud au niveau de la zone située en bas du riser. La partie de la vaporisation de l'alimentation est modélisée comme un mélangeur sans réaction dans lequel deux courants se rencontrent, le catalyseur et l'alimentation. Les variables telles que la température, la pression, et la vitesse de la vapeur et du catalyseur sortant de la zone de vaporisation dépendent des variables du procédé telles que la température de l'alimentation, les caractéristiques de l'alimentation, la température du catalyseur, la pression.

Les FCC modernes disposant d'un grand nombre de buses de vaporisation, on peut admettre qu'il se produit une vaporisation de l'alimentation dès qu'elle rentre en contact avec le catalyseur régénéré. Le temps estimé pour la vaporisation est d'à peu près 0.1s selon (Ali et al., 1997). On suppose aussi que la vapeur d'alimentation est dans l'état saturé après la vaporisation.

Le riser

Le riser est un réacteur tubulaire d'une trentaine de mètres de long et d'un mètre de diamètre dans lequel se produit la réaction de craquage. Le temps de séjour du catalyseur dans le riser est de l'ordre de quelques secondes. La température du catalyseur entrant est plus élevée que celle de l'alimentation et pourvoit la chaleur requise pour la vaporisation. Dans les conditions normales, le rapport des débits massiques de catalyseur et de l'alimentation varie de 4 à 9.

Les réactions chimiques des coupes pétrolières dans le FCC sont nombreuses et complexes à cause du mélange d'espèces chimiques différentes qui réagissent à des vitesses variées. Ainsi, le craquage catalytique des coupes pétrolières a été modélisé par des modèles où des pseudo-composants ("lumping") sont choisis pour caractériser le mélange. Il existe donc de nombreux schémas cinétiques dans la littérature. (Weekman and Nace, 1970) ont ainsi proposé un schéma à trois groupes. Cependant le schéma à quatre groupes proposé par Lee, Chen et Huang (Lee et al., 1989b) est une révision du précédent qui prend en compte la production du coke. Ce schéma est donc plus représentatif. On pourrait aussi utiliser des schéma à cinq, dix groupes, ..., si l'on voulait tenir compte de la production des autres coupes.

Extraction dans le réacteur

Cette partie est modélisée comme un réacteur parfaitement agité en absence de réaction. Comme le catalyseur est immédiatement séparé de la vapeur des produits à travers les cyclones, d'autres réactions se produisent rarement dans cette partie. On suppose que le processus de séparation enlève complètement les gaz d'hydrocarbure absorbés dans les grains avant que le catalyseur utilisé ne soit envoyé dans le régénérateur. Le débit de la vapeur d'extraction est faible par rapport aux débits de l'alimentation et du catalyseur. Par conséquent, l'effet de la vapeur d'extraction sur le bilan d'énergie du séparateur de particule peut être négligé.

Les cyclones du réacteur

Le réacteur et le régénérateur d'une unité de FCC sont souvent équipés de plusieurs étages de cyclones pour éviter que les particules du catalyseur soient entraînées dans les vapeurs. Tous les cyclones dans le réacteur sont regroupés dans une unité de modélisation qui est décrite comme un réacteur parfaitement agité. Les cyclones sont considérés en équilibre thermique avec la partie de séparation parce qu'aucune réaction de craquage n'a lieu dans les cyclones.

1.1.4 Le régénérateur

Les régénérateurs de la plupart des FCC fonctionnent comme un lit fluidisé constitué de deux parties communément appelées lit dense et zone diluée. Le lit dense contient la majorité du catalyseur dans le régénérateur et est responsable de la régénération du catalyseur usé par les réactions de combustion du coke. La rétention du catalyseur dans le régénérateur est supérieure à celle dans le réacteur et le temps de séjour du catalyseur dans le régénérateur est beaucoup plus important que celui du catalyseur dans le réacteur. Ainsi, la dynamique générale d'un FCC est dominée par la dynamique du régénérateur (Figure 1.4).

Le lit dense

Le coke est brûlé uniquement dans le lit dense. La présence d'hydrogène et de soufre dans le coke est négligée. Cette simplification pourrait ne pas être acceptée quand il s'agit de la conception du régénérateur, mais pour les besoins de simulation, ceci est acceptable (Moro and Odloak, 1995b). Les équations de réaction de combustion simplifiée sont donc les suivantes :

$$C + O_2 \rightarrow CO_2 \tag{1.1}$$

$$C + \frac{1}{2}O_2 \rightarrow CO \tag{1.2}$$

Chapitre 1. Revue de la littérature sur les FCC

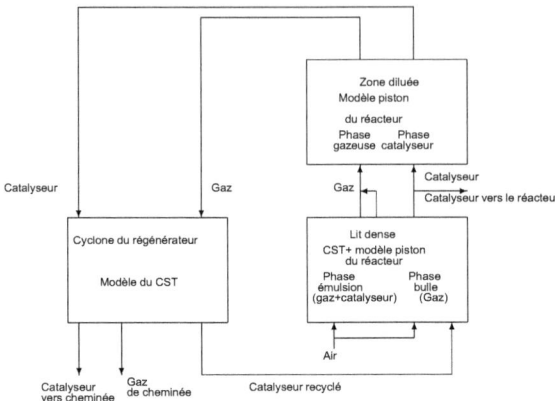

Figure 1.4 – Schéma-bloc du modèle du régénérateur (Han and Chung, 2001)

La zone diluée

Les bulles de gaz traversent le lit dense et éjectent des particules de catalyseur dans la zone diluée (freeboard). Puisque la densité du catalyseur est très faible dans la zone diluée, les réactions de combustion du coke y sont négligées, mais il se produit des réactions en phase gazeuse qui oxydent le monoxyde de carbone en dioxyde de carbone. L'oxydation du monoxyde de carbone dans la phase gazeuse constituée par la zone diluée obéit à l'équation :

$$CO + \frac{1}{2}O_2 \rightarrow CO_2 \qquad (1.3)$$

Les cyclones du régénérateur

Comme les particules récupérées par les cyclones sont recyclées vers la zone dense, il existe une grande interaction dynamique entre la zone dense et la zone diluée. Les cyclones du régénérateur sont aussi modélisés comme un réacteur parfaitement agité. L'oxydation de CO en CO_2 dans les cyclones du régénérateur peut se produire s'il y a un excès d'oxygène.

1.2 Différents types de FCC

Les FCC depuis leur invention dans les années 1936 ont connu des améliorations technologiques au niveau des réacteurs qui les composent ceci dans le but d'optimiser leur fonctionnement et leur rendement. Le Tableau 1.1 présente les évolutions technologiques du FCC.

La Figure 1.5 présente le schéma du FCC Kellogg Orthoflow dont l'une des particularités est sa structure de régénérateur à deux étages.

La Figure 1.6 présente les évolutions dans la conception des FCC depuis les années 1940 jusqu'à nos jours. Le premier modèle de FCC fut le modèle dit "upflow Model I", ensuite ont suivi le modèle dit "downflow model II", le "stacked FCC" où le réacteur était situé au-dessus

Tableau 1.1 – Évolution technologique des FCC

Période	Évolution
1936-1941	lit fixe
1941-1960	lit mobile
1942 à nos jours	lit fluidisé

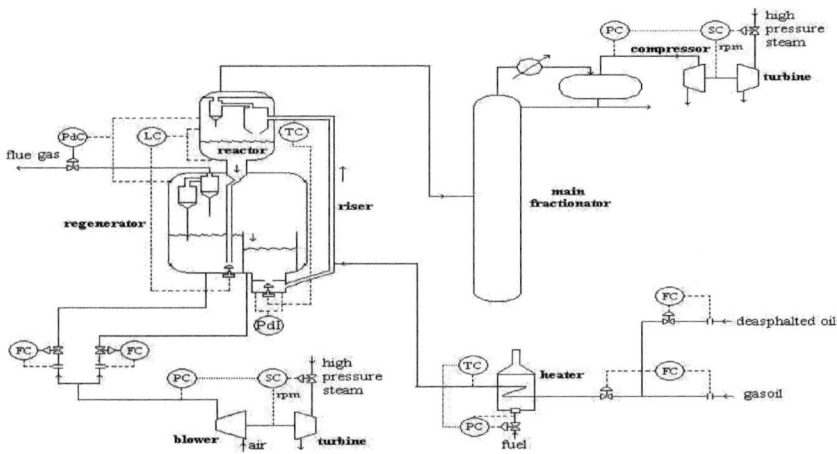

Figure 1.5 – Schéma du modèle du FCC Kellogg Orthoflow (Zanin et al., 2005)

du régénérateur, le modèle "Esso model 4" où le catalyseur s'écoule entre le réacteur et le régénérateur à travers des canaux en forme de U.

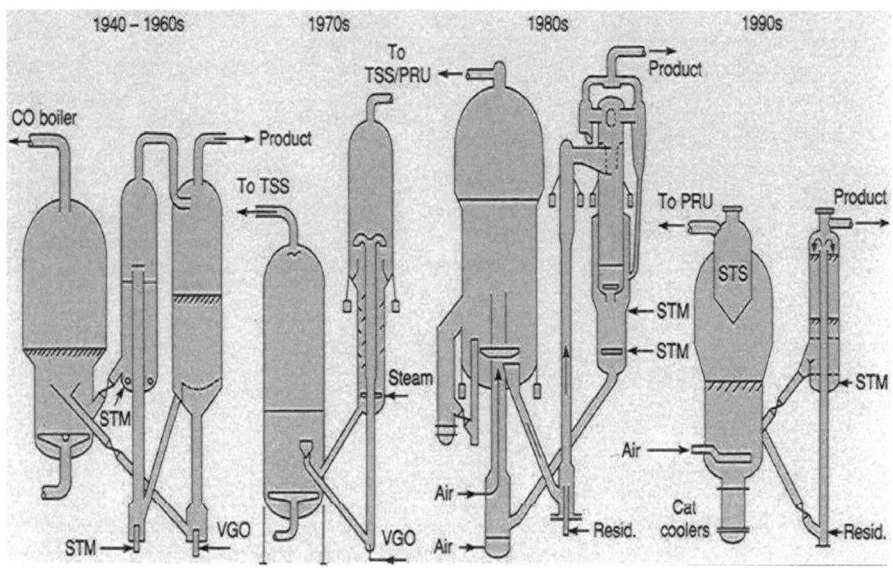

Figure 1.6 – Évolution technologique des FCC (Bhattacharyya, 2013)

1.3 Modélisation du FCC

La littérature est très riche en modèles de FCC et leurs simulations (Secchi et al., 2001). La plupart de ces modèles sont empiriques ou semi-empiriques mais sont assez représentatifs de la réalité du procédé industriel sur une petite plage de fonctionnement. La nature empirique de certains de ces modèles pose des limitations par rapport à leur utilisation dans l'étude, l'analyse et le contrôle du fonctionnement des unités industrielles de FCC. Dans la littérature, les modèles de riser obéissent presque à la même démarche structurelle qui consiste à définir des pseudo-composants appelés groupes pour décrire les cinétiques de craquage. Les différences majeures dans la modélisation du FCC concernent les modèles de craquage dans le riser et le modèle du régénérateur pour lequel de grandes différences apparaissent dans la modélisation du lit dense.

1.3.1 Généralités sur les cinétiques de craquage

Les tentatives initiales (Han and Chung, 2001) pour modéliser le FCC étaient orientées vers les cinétiques des réactions de craquage. On a donc vu apparaître le modèle à trois groupes de (Weekman and Nace, 1970), ensuite des modèles à quatre, cinq groupes, six groupes, voire vingt groupes.

Modèle de Luyben et de Lamb

(Luyben and Lamb, 1963) ont proposé que les réactions de craquage soient modélisées par :
$$A \rightarrow B + 0.1\,C \tag{1.4}$$
où A est l'alimentation, B la gamme d'essence, C le coke.

Réactions de craquage à trois groupes

Le modèle à trois groupes proposé par (Weekman and Nace, 1970) comprend un groupe constitué par l'alimentation qui peut être du gazole ou toute autre alimentation lourde, et deux groupes de produits à savoir :
a) l'essence,
b) le coke et des gaz légers.
Le groupe d'essence contient des fractions comprises entre C_5 jusqu'aux hydrocarbures avec des températures d'ébullition de $220°C$. Le groupe du coke et des gaz légers contient en plus du coke, C_4 et des hydrocarbures plus légers que C_4. Ce modèle peut être décrit selon la Figure 1.7.

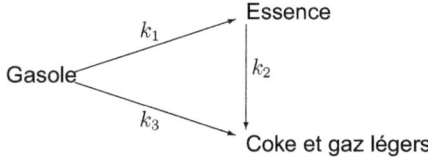

Figure 1.7 – Modèle à trois groupes (Weekman and Nace, 1970)

Les réactions assignées aux trois groupes sont basées sur la craquabilité des différentes espèces qui constituent les pseudo-espèces des groupes (Corma and Martinez-Triguero, 1994). Selon (Weekman and Nace, 1970), les réactions s'écrivent :
$$\begin{aligned} C_1 &\xrightarrow{k_0} a_1\,C_2 + a_2\,C_3 \\ C_2 &\xrightarrow{k_2} C_3 \end{aligned} \tag{1.5}$$
où C_1 représente le gazole, C_2 l'essence et C_3 l'ensemble gaz légers et coke.
En se basant sur ces hypothèses, ce modèle est décrit par les équations suivantes :
Craquage du gazole :
$$\mathcal{R}_{go} = -k_0\,\phi_1\,C_{go}^2 = -(k_1 + k_3)\,\phi_1\,C_{go}^2 \tag{1.6}$$
Formation de l'essence :
$$\mathcal{R}_g = k_1\,\phi_1\,C_{go}^2 - k_2\,\phi_2\,C_g \tag{1.7}$$
Gaz légers et coke :
$$\mathcal{R}_c = k_2\,\phi_2\,C_g + k_3\,\phi_2\,C_{go}^2 \tag{1.8}$$
ϕ_1 et ϕ_2 sont des fonctions adimensionnelles de désactivation du catalyseur. C représente une fraction massique en un composé donné, donc $C_{go} + C_g + C_3 = 1$. Le Tableau 1.2 donne les paramètres cinétiques tirés de (Nace et al., 1971). (Weekman and Nace, 1970) a utilisé deux

fonctions de désactivation différentes :

$$\phi = \exp(-\alpha t_c)$$
$$\phi = t_c^{-n} \quad (1.9)$$

où t_c est le temps de séjour du catalyseur, α et n sont des paramètres.

Tableau 1.2 – Paramètres cinétiques par rapport à différents types de charge à 755K (Nace et al., 1971)

Charge	k_0 (h^{-1})	k_1 (h^{-1})	k_3 (h^{-1})	k_2/k_1
P1	31.8	26.3	1.83	0.83
P2	32.7	26.2	1.09	0.80
P3	34.0	28.0	1.86	0.82

Réactions de craquage à quatre groupes

Le modèle à quatre groupes a été proposé par (Yen et al., 1987). La particularité de ce modèle est qu'il divise le groupe des gaz légers et du coke en deux groupes, un groupe pour le coke et un groupe pour les gaz légers. Ces auteurs utilisent une réaction d'ordre 2 pour décrire le craquage du gazole sous vide. Ce modèle prédit très efficacement la production du coke pour un craquage de gazole sous vide dans les unités de FCC.

Craquage du gazole :

$$\mathcal{R}_{go} = -(k_{12} + k_{13} + k_{14})\,\phi\, C_{go}^2 \quad (1.10)$$

Formation de l'essence :

$$\mathcal{R}_e = k_{12}\,\phi\, C_{qo}^2 - \phi\,(k_{23} + k_{24})\, C_g \quad (1.11)$$

Gaz légers :

$$\mathcal{R}_{gl} = k_{13}\,\phi\, C_{go}^2 + k_{23}\,\phi\, C_g \quad (1.12)$$

Gaz coke :

$$\mathcal{R}_c = k_{14}\,\phi\, C_{go}^2 + k_{24}\,\phi\, C_g \quad (1.13)$$

Les paramètres cinétiques sont donnés par le Tableau 1.3 à deux températures, ϕ est le facteur de désactivation du catalyseur.

Le modèle à quatre groupes a été utilisé par (Ali et al., 1997) pour simuler les réactions de craquage. Ce modèle leur a permis de simuler avec succès les réactions de craquage en utilisant des données d'une unité industrielle réelle. Le schéma fonctionnel de ce modèle est décrit par la Figure 1.8.

Tableau 1.3 – Paramètres cinétiques (Shayegh et al., 2012)

Température (°C)	k_{12} (fraction mass^{-1}s^{-1})	k_{13} (fraction mass^{-1}s^{-1})	k_{14} (fraction mass^{-1}s^{-1})	k_{23} (s^{-1})	k_{24} (s^{-1})
450	290.654	150.905	165.127	3.205	3.78
490	412.276	241.979	269.166	3.637	4.565

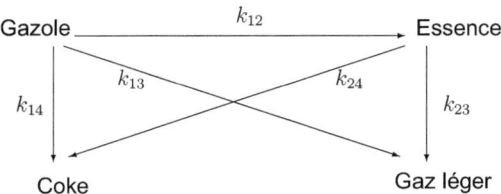

Figure 1.8 – Modèle à quatre groupes (Yen et al., 1987)

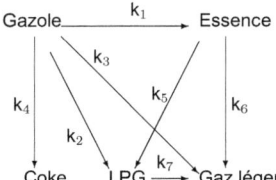

Figure 1.9 – Modèle à cinq groupes

Réactions de craquage à cinq groupes

(Ancheyta-Juarez et al., 1999) ont étendu le modèle à quatre groupes. Ces auteurs ont poussé la division du groupe des gaz en d'autres groupes, un groupe pour le gaz sec (C_4 et plus légers), un autre pour le LPG (combinant C_3-C_4) Le schéma fonctionnel de ce modèle est décrit par la Figure 1.9.

Les paramètres cinétiques tirés de (Ancheyta-Juarez et al., 1999) sont donnés dans le Tableau 1.4.

Tableau 1.4 – Paramètres cinétiques (Ancheyta-Juarez et al., 1999) (Unités de k_1, k_2, k_3, k_4 : (fraction mass^{-1}.h^{-1}) et k_5, k_6, k_7 : (h^{-1})

Paramètres cinétiques	Valeur à 500°C
k_1	0.1942
k_2	0.0348
k_3	0.0001
k_4	0.0140
k_5	0.0061
k_6	0.0032
k_7	0.0200

Réactions de craquage à six groupes

(Dagde and Puyate, 2012b) ont étendu le modèle à cinq groupes en déterminant de façon séparée le propane du butane ce qui est une avancée par rapport au modèle à cinq groupes.

Dans ce modèle, on suppose que le gazole est converti en essence (C_5), butane (C_4s), propane (C_3), gaz léger (C_1-C_2) et coke. Le schéma fonctionnel de ce modèle est décrit par la Figure 1.10.

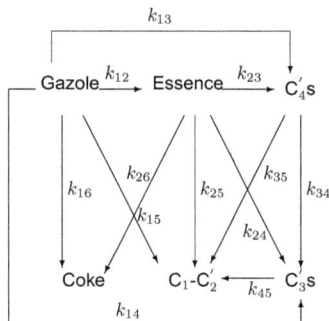

Figure 1.10 – Schéma cinétique pour le craquage à six groupes

Le Tableau 1.5 présente les paramètres cinétiques pour le modèle à six groupes de (Dagde and Puyate, 2012b).

Réactions de craquage à sept groupes

(Xu et al., 2006) ont proposé un modèle à sept groupes dans lequel le coke, le gaz sec et le LPG ont chacun un groupe différent. Ce modèle a été utilisé par (Heyydari et al., 2010) dans un FCC avec des résultats intéressants tels que la prédiction de la conversion du gazole, le rendement dans l'obtention des différents produits qui ont été validés par les données provenant de (Xu et al., 2006). Le schéma fonctionnel de ce modèle est décrit par la Figure 1.11 et les constantes cinétiques sont données par le Tableau 1.6.

Réactions de craquage à huit groupes

(Wang et al., 2012) ont proposé un modèle de craquage à huit groupes. Ce modèle divise le résidu (>500 °C) en quatre groupes constitués de saturé, aromatiques, les résines et les alphaltenes et tient aussi compte du craquage secondaire du gazole (350-500°C). Le schéma fonctionnel de ce modèle est décrit par la figure 1.12. Les paramètres cinétiques sont donnés par le Tableau 1.7

Réactions de craquage à dix groupes

(Jacob et al., 1976b) ont proposé un modèle à dix groupes basé sur la structure moléculaire et limité aux groupes qui peuvent être mesurés tels que le groupe du coke C, le groupe du gazole G, les groupes constituant le fuel léger LFO ($C_{A1}+P_1+N_1+A_1$) et les groupes constituant le fuel lourd HFO ($C_{Ah}+P_h+N_h+A_h$) .
Les constantes cinétiques pour un modèle à dix groupes tirées de (Arandes et al., 2003) sont données par le Tableau 1.8.

Tableau 1.5 – Paramètres cinétiques et thermodynamiques pour les réactions de craquage du modèle à six groupes (Dagde and Puyate, 2012b)

Réaction	Facteur pré-exponentiel (s^{-1})	Énergie d'activation ($J.mol^{-1}$)	Enthalpie de réaction ($kJ.kg^{-1}$)
GO → G	508	53240	3208
GO → C_4	173	69150	800
GO → C_3	38	65850	2208
GO → DG	52	66750	3120
GO → C	56	87490	5600
G → C_4	220	66790	9600
G → C_3	20	59750	800
G → DG	10.8	65750	8608
G → C	7.8	30520	1600
C_4 → C_3	0.5	50750	4320
C_4 → DG	2	78490	1360
C_3 → DG	100	59750	80
Désactivation du catalyseur	117705	83806.556	

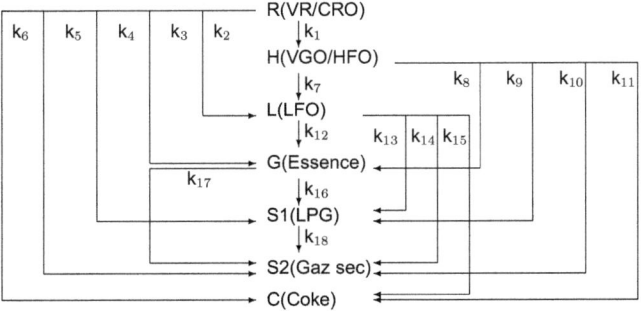

Figure 1.11 – Modèle à sept groupes

Tableau 1.6 – Paramètres pour le modèle cinétiques à sept groupes (Xu et al., 2006)

Réactions	Constante de vitesse ($m^3.kg\text{-}cat^{-1}.h^{-1}$)	Énergie d'activation ($kJ.mol^{-1}$)
RFO →HFO	14.93	50.73
RFO→LFO	5.78	50.73
RFO→G	11.69	50.73
RFO→S_1	3.59	16.15
RFO→ S_2	0.35	16.15
RFO→ C	11.55	16.15
HFO→LFO	5.78	50.73
HFO→G	0.94	46.24
HFO→S_1	0.135	59.75
HFO→ S_2	0.0135	59.75
HFO→C	0.3272	59.75
LFO→ G	0.5742	46.24
LFO→S_1	0.0086	59.75
LFO→S_2	0.0009	59.75
LFO→ C	0.0596	59.75
G→S_1	0.0003	78.49
G→S_2	0.0001	78.49
S_1 →S_2	0.0033	59.75

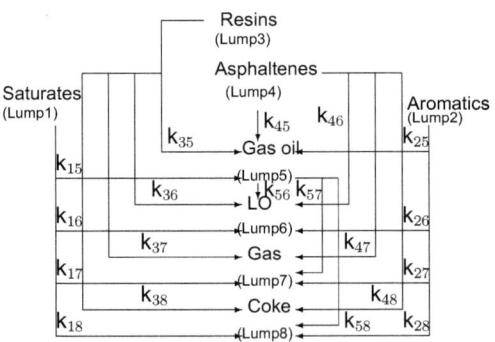

Figure 1.12 – Modèle à huit groupes

Tableau 1.7 – Paramètres cinétiques pour le modèle de craquage à huit groupes à 753K (Wang et al., 2012)

Réaction	Facteur pré-exponentiel ($m^3.kg\text{-}cat^{-1}.h^{-1}$)	Énergie d'activation ($kJ.mol^{-1}$)
Sa → GO	3.896	36.591
Sa → LO	5.385	24.773
Sa → G	0.261	86.657
Sa → C	0.113	118.184
Ar → GO	2.396	67.048
Ar → LO	7.440	37.677
Ar → G	0.620	81.469
Ar → C	2.178	59.846
Re → GO	3.708	47.653
Re → LO	6.430	36.433
Re → G	1.534	69.296
Re → C	2.516	53.408
As → GO	1.391	93.150
As → LO	3.293	73.470
As → G	3.533	60.975
As → C	7.702	37.861
GO → LO	1.106	92.884
GO → G	0.116	149.403
GO → C	0.162	102.320

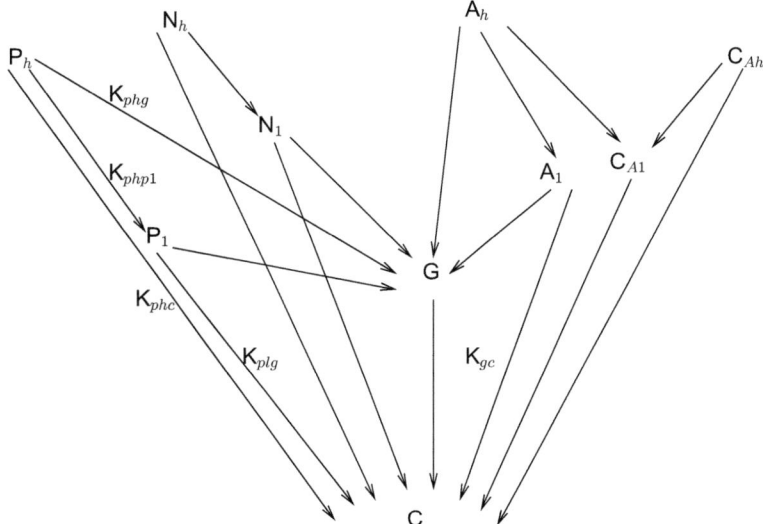

Figure 1.13 – Modèle à dix groupes

Tableau 1.8 – Constantes cinétiques pour le modèle cinétique à dix groupes (Arandes et al., 2003)

K_{Ph-P1} (m^3.kg-cat^{-1}.s^{-1})	$(1.10 \pm 0.08)\,10^4 \exp(-10.3 \pm 0.5/RT)$
K_{Nh-N1} (m^3.kg-cat^{-1}.s^{-1})	$(6.50 \pm 0.33)\,10^4 \exp(-13.1 \pm 0.7/RT)$
K_{Ah-A1} (m^3.kg-cat^{-1}.s^{-1})	$(3.48 \pm 0.17)\,10^4 \exp(-15.8 \pm 0.8/RT)$
K_{Sh-S1} (m^3.kg-cat^{-1}.s^{-1})	$(1.75 \pm 0.09)\,10^5 \exp(-13.7 \pm 0.7/RT)$
K_{Ph-G} (m^3.kg-cat^{-1}.s^{-1})	$(8.94 \pm 0.50)\,10^2 \exp(-5.4 \pm 0.3/RT)$
K_{Nh-G} (m^3.kg-cat^{-1}.s^{-1})	$(1.40 \pm 0.07)\,10^3 \exp(-5.9 \pm 0.3/RT)$
K_{Sh-G} (m^3.kg-cat^{-1}.s^{-1})	$(9.8 \pm 0.50)\,10^2 \exp(-8.7 \pm 0.4/RT)$
K_{Ph-C} (m^3.kg-cat^{-1}.s^{-1})	$(1.70 \pm 0.09)\,10^4 \exp(-12.1 \pm 0.6/RT)$
K_{Nh-C} (m^3.kg-cat^{-1}.s^{-1})	$(1.20 \pm 0.06)\,10^5 \exp(-13.2 \pm 0.7/RT)$
K_{Ah-C} (m^3.kg-cat^{-1}.s^{-1})	$(1.08 \pm 0.05)\,10^6 \exp(-17.3 \pm 0.9/RT)$
K_{Sh-C} (m^3.kg-cat^{-1}.s^{-1})	$(6.40 \pm 0.32)\,10^5 \exp(-16.0 \pm 0.8/RT)$
K_{Sh-A1} (m^3.kg-cat^{-1}.s^{-1})	$(2.28 \pm 0.11)\,10^3 \exp(-10.2 \pm 0.5/RT)$
K_{P1-G} (m^3.kg-cat^{-1}.s^{-1})	$(1.18 \pm 0.06)\,10^3 \exp(-7.8 \pm 0.4/RT)$
K_{N1-G} (m^3.kg-cat^{-1}.s^{-1})	$(2.73 \pm 0.14)\,10^3 \exp(-8.0 \pm 0.4/RT)$
K_{S1-G} (m^3.kg-cat^{-1}.s^{-1})	$(3.41 \pm 0.17)\,10^7 \exp(-21.4 \pm 1.1/RT)$
K_{P1-C} (m^3.kg-cat^{-1}.s^{-1})	$(2.12 \pm 0.11)\,10^5 \exp(-19.5 \pm 1.0/RT)$
K_{N1-C} (m^3.kg-cat^{-1}.s^{-1})	$(8.64 \pm 0.43)\,10^5 \exp(-17.8 \pm 0.9/RT)$
K_{S1-C} (m^3.kg-cat^{-1}.s^{-1})	$(1.15 \pm 0.06)\,10^7 \exp(-22.3 \pm 1.1/RT)$
K_{A1-C} (m^3.kg-cat^{-1}.s^{-1})	$(2.21 \pm 0.11)\,10^6 \exp(-21.4 \pm 1.0/RT)$
K_{G-C} (m^3.kg-cat^{-1}.s^{-1})	$(1.33 \pm 0.07)\,10^6 \exp(-24.5 \pm 1.2/RT)$

Modélisation du riser

Plusieurs approches de modélisation du riser se trouvent dans la littérature. Ces approches ont pour base l'utilisation d'une cinétique de craquage parmi celles évoquées plus haut. On retrouve donc des modèles de riser mettant en œuvre les cinétiques de craquage à trois, quatre, cinq, six, sept, huit, dix, voire vingt groupes.

1.3.2 Modélisation du séparateur

Le séparateur permet de séparer les solides des gaz. Il est essentiellement constitué de cyclones. Les fonctions principales du séparateur sont de séparer des vapeurs produites des particules de catalyseur, de posséder un temps de séjour suffisant permettant l'extraction des gaz du catalyseur et de pourvoir à une pression suffisante pour l'écoulement du catalyseur utilisé vers le régénérateur. Le séparateur est modélisé comme un réacteur parfaitement agité (Malay, 1998). (Ali et al., 1997) n'ont tenu compte que du bilan de matière dans le séparateur, le temps de séjour étant de l'ordre de 5 à 6 min. Un bilan d'énergie doit être fourni pour le séparateur.

1.3.3 Modélisation du régénérateur

Le régénérateur joue un rôle très important dans le FCC. Il a deux rôles essentiels : réactiver le catalyseur par la combustion du coke et fournir la chaleur nécessaire pour la réaction de craquage endothermique dans le riser. Il existe de nombreux modèles pour le régénérateur.

En général, le régénérateur qui fonctionne comme un lit fluidisé est modélisé en deux zones : une zone dense et une zone diluée (Kunii and Levenspiel, 1969). La zone dense est modélisée suivant la théorie des deux phases. Plusieurs approches de modélisations se trouvent dans la littérature.

(Arbel et al., 1995) a modélisé le régénérateur comme une partie inférieure constituée d'un lit dense où la concentration du catalyseur est élevée et une partie supérieure qui constitue la phase diluée où il n'y a presque pas de catalyseur et à partir duquel les gaz chauds s'échappent. La description du lit dense peut être plus détaillée comme dans (Errazu et al., 1979), (Lee et al., 1989b) où l'air entrant s'écoule d'abord à travers une grille sous forme de jets qui sont supposés parfaitement mélangés dans la direction radiale et suivent un régime à écoulement piston dans la direction axiale (Pinheiro et al., 2011). Les gaz en excès par rapport à la quantité requise pour la fluidisation minimum passent à travers le lit sous forme de bulles. La phase dense et la phase émulsion dans la région de la grille sont supposées parfaitement mélangées. (Macfarlane et al., 1993) divise le régénérateur en lit dense et en zone de désengagement. (Ali et al., 1997) et (Malay, 1998) utilisent la description selon le modèle de Kunii-Levenspiel (Kunii and Levenspiel, 1969; Yates, 1983). La partie inférieure dense est divisée en deux phases, la phase bulle pour les bulles qui passent à travers le lit et la phase émulsion qui correspond au catalyseur fluidisé à la vitesse minimum de fluidisation u_{mf}. La chute de pression à travers le lit suit les conditions de fluidisation minimale. Le rôle dynamique du régénérateur est essentiel pour le FCC car la réaction de combustion est globalement exothermique et la phase dense est modélisée fréquemment comme un réacteur parfaitement agité ayant une grande constante de temps. Le coke est converti en CO et en CO_2 et une description correcte du rapport CO/CO_2 influencé par les conditions opératoires doit être obtenue par le modèle. Il y a un plus grand consensus pour la modélisation de la zone diluée du régénérateur. La combustion étant incomplète dans la zone dense et la présence des réactions de combustion tardives font que la modélisation de la zone diluée est importante pour prédire la température dans cette phase. Plusieurs auteurs considèrent donc la zone diluée comme un réacteur piston monodimensionnel selon le schéma 1.14.

1.3.4 Différents modèles intégrés de FCC

En dehors de la modélisation des réactions de craquage vue sous l'angle des groupes, de nombreuses recherches concernent la modélisation intégrée des parties constituantes du FCC en utilisant des relations empiriques ou bien des équations de bilans provenant des différentes lois de la physique qui gouvernent ce système. Toutefois, ces modèles, lorsqu'ils traitent le riser, s'appuient évidemment sur les groupes et les cinétiques de craquage associées.

Modèle de Kurihara

(Kurihara, 1967) a décrit les cinétiques pour les réactions de craquage par l'équation

$$\text{gazole} \rightarrow \text{Produit gazeux} + \text{Coke} \qquad (1.14)$$

Ce modèle fait la différence entre le carbone du catalyseur qui est produit et déposé sur le catalyseur pendant les réactions de craquage et le carbone non-catalytique qui est déjà présent dans l'alimentation. Tout en remarquant que les équations de (Kurihara, 1967), par ailleurs réutilisées par (Moro and Odloak, 1995a) ne sont pas exprimées par rapport à des variables

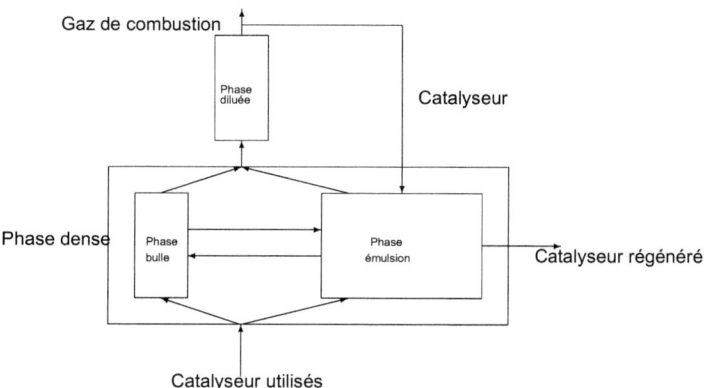

Figure 1.14 – Schéma de principe du régénérateur selon (Krishna and Parkin, 1985)

en unités S.I., les principales équations de ce modèle tirées de (Kurihara, 1967) décrites ci-dessous.
En supposant les débits de catalyseur usé et régénéré égaux : $F_{rc}=F_{sc}$,
le bilan en coke s'écrit à la sortie du riser :

$$H_{ra}\frac{dC_{sc}}{dt} = 60F_{rc}(C_{rc} - C_{sc}) + 50H_{ra}\mathcal{R}_{cf} \quad (1.15)$$

Le bilan de matière du régénérateur est donné par :

$$H_{rg}\frac{dC_{rc}}{dt} = 60R_{rc}(C_{sc} - C_{rc}) - 50R_{cb} \quad (1.16)$$

Le bilan d'énergie du régénérateur est donné par :

$$S_c H_{rg}\frac{dT_{rg}}{dt} = 60S_c R_{rc}(T_{ra} - T_{rg}) + 0.5R_{ai}S_a(T_{ai} - T_{rg}) + 0.5(-\Delta H_{rg})R_{cb} \quad (1.17)$$

où la vitesse de combustion du coke est donnée par :

$$R_{cb} = \frac{R_{ai}(21 - O_{fg})}{100C_1} \quad (1.18)$$

et la teneur en oxygène :

$$O_{fg} = 21\exp\left(\frac{H_{rg}P_{rg}/R_{ai}}{(10^6/4.76R_{ai}^2) + 100/k_{or}\exp(-E_{or}/R(T_{rg}+460))C_{rc}}\right) \quad (1.19)$$

où F_{rc} est le débit du catalyseur régénéré,
F_{sc} le débit du catalyseur utilisé,
P_{rg} la pression dans le régénérateur,
R_{ai} débit de l'air,
T_{ra} température du riser,
R_{rc} vitesse de circulation du catalyseur,
C_{sc} coke sur le catalyseur usé,
C_{rc} coke sur le catalyseur régénéré,
O_{fg} oxygène dans le gaz de cheminé,
H_{rg} rétention du régénérateur,
C_1 coefficient stœchiométrique reflétant la sélectivité de la réaction de combustion produisant le CO_2,
R_{cb} vitesse de combustion du coke,
k_{or} coefficient de réaction de l'oxygène.

Ce modèle a le désavantage de regrouper l'essence, le coke et les hydrocarbures légers dans un même groupe. De ce fait, il n'est pas possible de calculer la production de l'essence qui est l'une des variables les plus importantes. Ce modèle n'utilise pas la nature à deux phases du lit fluidisé.

Modèle d'Iscol

Ce modèle a été proposé par (Iscol, 1970). Il décrit l'état stationnaire et dynamique d'un modèle de FCC de type IV. Il utilise essentiellement des relations empiriques. Ce modèle n'utilise ni un réseau de réactions, ni la nature en deux phases du lit fluidisé. La formation du coke et les vitesses de combustion sont données par des corrélations empiriques.

(Iscol, 1970) s'est intéressé au comportement en régime stationnaire du FCC et a suggéré qu'il existe une multiplicités d'états stables sur une large gamme de paramètres.

Tout en regrettant les nombreux coefficients qui parsèment le modèle de (Iscol, 1970), ses principales équations sont :

Bilan sur le coke dans le riser :

$$M_R Cp_c \frac{dC_R}{dt} = F_c(C_G - C_R) + \mathcal{R}_c \qquad (1.20)$$

F_c est le débit du catalyseur, C_G le coke sur le régénéré, C_R le coke sur le catalyseur dans le riser. **La vitesse de formation du coke est donnée par :**

$$\mathcal{R}_c = F_D[0.0754 + 0.3939\,10^{-6}(T_R - 940)^3] \qquad (1.21)$$

où F_D est le débit d'alimentation, T_R la température dans le riser.
Bilan sur le coke dans le régénérateur :

$$M_G \frac{dC_G}{dt} = F_c(C_R - C_G) + \mathcal{R}_{cb} \qquad (1.22)$$

et la vitesse de combustion de coke est donnée par :

$$\mathcal{R}_{cb} = 51200[1 - \exp[-C_G(747 + 8.3(T_G - 1150) + 0.0332(T_G - 1150)^2)]] \qquad (1.23)$$

T_G est la température dans le régénérateur.
Bilan d'énergie dans le riser :

$$M_R C_{p,c} \frac{dT_R}{dt} = F_c Cp_c(T_G - T_R) - F_D(0.8T_R - 350) - 3500\mathcal{R}_c - 10^7 \qquad (1.24)$$

Cp_c est la capacité calorifique du coke, M_G la rétention du catalyseur dans le régénérateur, M_R la rétention du catalyseur dans le riser.
Bilan d'énergie dans le régénérateur :

$$M_G C_{p,c} \frac{dT_G}{dt} = 13000\mathcal{R}_{cb} - F_c Cp_c(T_G - T_R) - 142500(T_G - 60) - 4.1\,10^7 \qquad (1.25)$$

Modèle de Elnashaie et Elshishini

Le modèle de (Elnashaie and El-Hennawi, 1979) fut le premier à représenter le régénérateur comme un lit fluidisé à deux phases. Ils supposent qu'il n'y a pas de réaction dans la phase bulle. Les auteurs utilisent le réseau de réactions proposé par (Weekman and Nace, 1970). Les cinétiques de combustion sont identiques à celles de (Krishna and Parkin, 1985), ils utilisent aussi une cinétique à quatre groupes pour décrire les réactions de craquage et supposent un état stationnaire dans le riser.

Modèle de Lee et Groves

(Lee and Groves, 1985) utilisent un modèle à trois groupes proposé par (Weekman and Nace, 1970) pour les cinétiques de craquage se produisant dans le riser qui est traité comme un réacteur à écoulement piston. Le modèle de (Lee and Groves, 1985) décrit le régénérateur comme un réacteur parfaitement agité sans phase diluée. Il ne décrit pas de façon détaillée les cinétiques pour la combustion du CO et celle du CO_2 qui surviennent à la fois sur la surface solide du catalyseur et dans la phase homogène.

Modèle de McFarlane

(McFarlane et al., 1993) ont publié un modèle intégré détaillé basé sur le FCC de type IV de Exxon avec une description réaliste du comportement du régénérateur et des équipements auxiliaires. Ce modèle représente très bien les dynamiques de la circulation du catalyseur et les interactions entre les variables principales du procédé. L'une des limitations de ce modèle est l'utilisation des corrélations empiriques pour prédire la production de l'essence et de la quantité de coke formée. Les cinétiques des réactions de craquage au niveau du réacteur ne sont pas décrites en détail, ce qui limite sa capacité de prédiction pour les produits attendus du FCC. Il a été mis au point pour l'évaluation des techniques d'identification, de commande et d'optimisation en ligne.

Le débit massique F_{coke} de coke sur le catalyseur dans le riser est :

$$\begin{aligned} F_{coke} &= \frac{13557(F_3+F_4)F_B \tau_r^{1.9843}}{100 \text{WHSV}} \\ \text{avec}: \tau_r &= \frac{W_{ris}}{(60 F_{rgc})} \\ \text{avec}: \text{WHSV} &= \frac{3600(F_3+F_4)}{W_{ris}} \\ \text{avec}: F_B &= \frac{\psi_f F_3 + 3F_4 + 2F_1 - 0.8F_2}{F_3 + F_4} \end{aligned} \quad (1.26)$$

où τ_r est le temps de séjour du catalyseur dans le riser, F_B un coefficient traduisant l'influence du type d'alimentation sur la production du coke, WHSV est le débit massique de l'alimentation en heure, F_1 le débit de l'huile purifiée (wash oil) vers le riser, F_2 le débit de l'huile diesel vers le riser, F_3 le débit de la nouvelle alimentation (fresh feed) vers le riser, F_4 est le débit de l'huile de suspension (slurry) vers le riser.

Le bilan du coke dans le riser est donné par :

$$\frac{dW_{cr}}{dt} = (F_{rgc} W_{cg} + F_{coke} - F_{sG} W_{cr} - W_{cr} \frac{dW_r}{dt}) \frac{1}{W_r} \quad (1.27)$$

où W_{cg} est la fraction massique de coke du régénérateur, W_r est la rétention du catalyseur dans le riser, F_{sG} est le débit de catalyseur usé, F_{rgc} est le débit de catalyseur régénéré avec la rétention de catalyseur selon :

$$\frac{dW_r}{dt} = F_{rgc} - F_{sG} \quad (1.28)$$

Le bilan d'énergie du riser est donné par :

$$MCp_{eff}\frac{dT_r}{dt} = Q_{rgc} + F_3 Cp_f(T_2 - T_{base,f}) - F_{rgc}Cp_s(T_r - T_{base})$$
$$- F4(Cp_{sv}(T_r - T_{ref}) + Q_{sr}) - F_3(Cp_{fv}(T_r - T_{ref}) + Q_{fr}) - (F_3 + F_4)(172.7 + 3(T_r - T_{ref})) \tag{1.29}$$

T_2 est la température de la nouvelle alimentation injectée dans le riser, $T_{base,f}$ la température de l'alimentation à la base du riser, Q_{rgc} l'enthalpie du catalyseur régénéré, T_r la température du riser, T_{ref} la température de base pour le bilan d'énergie du riser, Q_{sr} la chaleur nécessaire pour élever la température de l'alimentation (fresh feed), Q_{fr} la chaleur nécessaire pour élever la température du slurry, Cp_{sv} la capacité calorifique de la vapeur de slurry, Cp_{fv} la capacité calorifique de la vapeur de l'alimentation (fresh feed), Cp_f la capacité calorifique de la nouvelle alimentation liquide.

Bilan de coke du régénérateur :

$$\frac{dC_{reg}}{dt} = \left(\frac{W_c}{dt} - C_{rgc}\frac{dW_{reg}}{dt}\right)\frac{1}{W_{reg}} \tag{1.30}$$

W_{reg} rétention du catalyseur dans le régénérateur, W_c rétention du coke dans le régénérateur, C_{rgc} fraction massique du coke sur le catalyseur régénéré.

Bilan d'énergie du régénérateur :

$$[(W_{reg} + W_{cp})C_{p,s} + M_1]\frac{dT_{reg}}{dt} = F_{air}C_{p,air}(T_{air} - T_{base}) + F_H \Delta H_H + F_{air}(y_{CO,sg}H_1 + y_{CO_2,sg}H_2)$$
$$+ F_{sc}C_{p,s}(T_{sc} - T_{base}) - F_{sr}C_{p,s}(T_{reg} - T_{base})$$
$$- [F_{air}(y_{o2b}C_{p,O_2} + y_{cob}C_{p,CO} + y_{co2b}C_{p,CO_2} + 0.79C_{p,N_2}) + 0.5F_H C_{p,H_2O}](T_{cyc} - T_{base}) \tag{1.31}$$

Modèle de Arbel

(Arbel et al., 1995) ont développé un modèle qui donne une description détaillée de la combustion et des cinétiques de craquage en utilisant un modèle à dix groupes proposé par (Jacob et al., 1976b) pour représenter le mélange dans le riser. Ce modèle a deux parties, le réacteur-riser et le régénérateur. Le réacteur-riser est modélisé comme un réacteur à écoulement piston adiabatique avec une distribution de température uniforme. Le lit dense et le lit dilué du régénérateur sont décrits séparément. La phase solide dans le lit dense est décrite comme un réacteur parfaitement agité. Leur modèle permet de prédire l'impact des températures hautes et basses du riser, le type de catalyseur et son activité, la composition de l'alimentation, le dépôt du coke sur le catalyseur reformé, la production de l'essence, des gaz humides, mais ne permet pas de prédire la composition du gazole.

Modèle de Moro

Le modèle dynamique de (Moro and Odloak, 1995a) est basé sur le modèle de (Kurihara, 1967) dont il est une extension. Son objectif est de permettre la prédiction des variables suivantes :
- Le contenu en coke du catalyseur utilisé et régénéré du premier et second étage du régénérateur,
- La température du riser,
- La température de la phase dense du premier et second étage du régénérateur,
- L'inventaire du catalyseur dans le réacteur et le premier et second étage du régénérateur,
- La température de la phase diluée du régénérateur et des cyclones,
- Le contenu en oxygène des gaz de cheminée dans le régénérateur,
- La pression sur le régénérateur et le réacteur.

Ce modèle admet une phase dense et une phase diluée pour les deux étages de régénérateur. Le régénérateur est supposé parfaitement agité avec une température et une concentration homogène.

Modèle de Ali et Rohani

(Ali et al., 1997) ont proposé un modèle du FCC divisé en trois parties, le réacteur-riser, le séparateur de particules et le régénérateur. Ce modèle permet de prédire les profils de composés et de température à l'état stationnaire dans le riser et le régénérateur ainsi que le comportement dynamique. Les réactions de craquage dans le riser sont représentées selon le modèle à quatre groupes de (Lee and Groves, 1985). Le riser est modélisé comme un réacteur à écoulement piston. Ce modèle suppose un comportement quasi stationnaire du riser en supposant négligeable le temps de séjour du catalyseur dans le riser (environ 3s) par rapport au temps de séjour du catalyseur dans le régénérateur. C'est un modèle fiable qui limite l'utilisation des expressions empiriques au minimum et retient les caractéristiques dominantes du système. Ce modèle fut modifié par (Malay, 1998) qui ont inclus les effets de l'expansion volumétrique des gaz et le facteur de glissement entre la phase gazeuse et la phase solide dans le riser. Ce modèle a été développé pour des applications de commande et d'optimisation.

Modèle de Secchi

(Secchi et al., 2001) ont développé un modèle dynamique du FCC qui tient compte des deux phases du régénérateur. Le régénérateur est ici modélisé comme une phase de bulle et une phase d'émulsion qui échangent de la matière et de la chaleur, ce qui permet de mieux décrire la combustion partielle de CO et les conditions opératoires après combustion. Le riser est modélisé comme un réacteur adiabatique à écoulement piston. Ils utilisent un modèle à dix groupes pour caractériser les réactions de craquage.

1.3.5 Critères de choix du modèle de FCC pour la commande

Le choix d'un modèle de commande du FCC dépend des objectifs. Ces objectifs peuvent être la recherche de l'estimation de la production d'un certain produit particulier issu des réactions de craquage, le contrôle des différents niveaux de température, ou d'autres buts ...Dans notre recherche, le modèle doit inclure suffisamment de détails nous permettant de maîtriser le contrôle des dynamiques clés sans négliger la description des non-linéarités et des interactions (Moro and Odloak, 1995a). Nous présenterons par la suite le modèle sur lequel s'est basée notre commande.

1.4 Description du modèle considéré

Le premier modèle utilisé pour mettre en œuvre notre commande et l'estimation des paramètres est issu des travaux de (Balchen et al., 1992; Lee and Groves, 1985; Ljungquist et al., 1993). Il permet de prendre en compte les dynamiques internes du FCC et d'estimer les paramètres clés.

1.4.1 Riser

Le riser est considéré comme un réacteur piston pour lequel le temps de séjour du catalyseur et de l'alimentation est supposé de quelques secondes. Par conséquent, le riser n'est décrit que par des équations spatiales et considéré comme un système algébrique. Le modèle cinétique utilisé comporte trois groupes (Weekman and Nace, 1970) (Figure 1.7) pour décrire les réactions de craquage dans le riser (Corma and Martinez-Triguero, 1994).

La température de l'alimentation $T_{ris}(z=0)$ à l'entrée du riser résulte du bilan d'énergie :

$$F_{cat,reg} C_{p,cat}(T_{reg} - T_{ris}(0)) = F_{feed}[C_{p,ol}(T_{boil} - T_{feed}) + \Delta H_{vap} + C_{p,og}(T_{ris}(0) - T_{boil})] \quad (1.32)$$

où $F_{cat,reg}$ est le débit de catalyseur régénéré, F_{feed} le débit de l'alimentation, T_{reg} la température du régénérateur, T_{boil} la température d'ébullition de l'alimentation, ΔH_{vap} l'enthalpie de vaporisation de l'alimentation, $C_{p,ol}$ et $C_{p,og}$ les capacités calorifiques de l'alimentation respectivement liquide et gazeuse, $C_{p,cat}$ la capacité calorifique du catalyseur.

Bilan de matière de gas oil dans le riser

$$\frac{dy_{go}}{dz} = -k_1 y_{go}^2 C_{owr} \phi t_c \quad (1.33)$$

où k_1 est la constante cinétique pour la consommation de gas oil,
C_{owr} le rapport des débits massiques de catalyseur et de gas oil,
y_{go} la fraction massique d'alimentation dans le riser,
t_c le temps de séjour du catalyseur dans le riser,
ϕ le facteur de désactivation du catalyseur dû au dépôt de coke, égal à $\phi = (1 - m\, C_{rc}) \exp(-\alpha t_c C_{owr} z)$,
α la vitesse de désactivation du catalyseur,
m le facteur de désactivation empirique,
la hauteur z est adimensionnelle.

Bilan de matière de l'essence dans le riser

$$\frac{dy_g}{dz} = (\alpha_2 k_1 y_{go}^2 - k_3 y_g) C_{owr} \phi t_c \quad (1.34)$$

Commande Prédictive d'un FCC

Bilan d'énergie dans le riser

$$\frac{dT_{ris}}{dz} = \frac{\Delta H_{crack} F_{feed}}{(F_{regcat} C_{pcat} + F_{feed} C_{po} + \lambda F_{feed} C_{psteam})} \frac{dy_{go}}{dz} \qquad (1.35)$$

où ΔH_{crack} est l'enthalpie de réaction, F_{feed} et F_{regcat} sont les débits de l'alimentation et du catalyseur régénéré. Les constantes cinétiques suivent la loi d'Arrhenius.

La fraction molaire de coke produit est donné par la relation empirique

$$C_{cokeprod} = k_c \sqrt{\frac{t_c}{C_{rc}^N}} \exp(\frac{-E_{acf}}{RT_{ris,1}}) \qquad (1.36)$$

où $T_{ris,1}$ est la température au sommet du riser.
La concentration en coke au sommet du riser est

$$C_{cokeris,1} = C_{cokereg} + C_{cokeprod} \qquad (1.37)$$

$C_{cokeprod}$ est la fraction massique du coke produit dans le riser (exprimée comme kg de coke/kg de catalyseur).

Il faut remarquer que l'équation (1.36) pourrait être dérivée pour aboutir à la dérivée spatiale du coke le long du riser et de ce fait la fraction massique du coke dans le riser deviendrait clairement un état du riser.

1.4.2 Séparateur

Le séparateur est modélisé comme un réacteur parfaitement agité.
Bilan de matière du coke sur le catalyseur

$$\frac{dC_{cokesep}}{dt} = \frac{F_{cat,spent}(C_{cokeris,1} - C_{cokesep})}{m_{catsep}} \qquad (1.38)$$

où $C_{coke,sep}$ est la fraction massique du coke dans le séparateur, $F_{cat,spent}$ le débit du catalyseur usé (kg.s^{-1}), $C_{coke,ris,1}$ la fraction massique de coke au sommet du riser, $C_{coke,sep}$ la fraction massique de coke dans le séparateur, $m_{cat,sep}$ la rétention de catalyseur dans le séparateur.
Bilan d'énergie

$$\frac{dT_{sep}}{dt} = \frac{C_{p,cat} F_{cat,spent}(T_{ris,1} - T_{sep})}{m_{cat,sep} C_{p,cat}} \qquad (1.39)$$

où $T_{ris,1}$ est la température au sommet du riser.

1.4.3 Régénérateur

Le régénérateur est un lit fluidisé constitué de deux zones : une zone dense et une zone diluée. La température, la quantité de coke sur le catalyseur, l'oxygène sont uniformément distribué. La combustion du coke est supposée partielle.
Bilan de matière du coke sur le catalyseur

$$\frac{dC_{coke,reg}}{dt} = \frac{(F_{cat,spent} C_{coke,sep} - F_{cat,reg} C_{coke,reg}) - \mathcal{R}_{cb}}{m_{cat,reg}} \qquad (1.40)$$

$F_{cat,reg}$ est le débit du catalyseur régénéré (kg.s^{-1}), $C_{coke,reg}$ la fraction massique du coke dans le régénérateur, $m_{cat,reg}$ la rétention du catalyseur dans le régénérateur (kg), $\mathcal{R}_{cb}$ la vitesse de combustion du coke(s).

Bilan d'énergie dans le régénérateur

$$\frac{dT_{reg}}{dt} = \frac{1}{(m_{catreg} C_{pcat})}[(T_{sep} F_{spentcat} C_{pcat} +$$
$$T_{air} F_{masregair} C_{pair} - T_{reg}(F_{regcat} C_{pcat} + F_{masregair} C_{pair})$$
$$- \Delta H_{cb} \frac{\mathcal{R}_{cb}}{M_{wcoke}}]$$

(1.41)

La cinétique de la combustion du coke est donnée par

$$\mathcal{R}_{cb} = k_{cb} \exp(-\frac{E_{acb}}{RT_{reg}}) x_{O2} C_{cokereg} m_{catreg} \qquad (1.42)$$

Fraction molaire de O_2 dans le lit dense

$$\frac{dx_{O2}}{dt} = \frac{1}{m_{airreg}}[F_{masregair}/M_{wair}$$
$$(x_{o2in} - x_{o2reg}) - ((1+\sigma)n_{CH} + 2 + 4\sigma)/(4(1+\sigma))\mathcal{R}_{cb}/M_{wcoke}] \quad (1.43)$$

où $F_{masregair}$ est le débit d'air dans le régénérateur (kg.s^{-1}),
σ le rapport molaire de CO_2 à CO dans le lit dense du régénérateur
n_{CH} le nombre de moles d'hydrogène par mole de carbone dans le coke (égal à 2)
M_{wcoke} la masse molaire du coke (kg.mol^{-1}) ($= 14.10^{-3}$),
x_{o2in} la concentration de la fraction molaire d'oxygène dans l'air du régénérateur ($= 0.2136$),
x_{o2reg} la concentration d'oxygène en fraction molaire dans le gaz quittant le lit dense du régénérateur.

Nous avons proposé l'amélioration du modèle précédent pour une plus large prédiction des produits attendus du FCC. Le modèle proposé utilise un riser avec des cinétiques de craquage à quatre groupes. Le modèle se trouve en annexe A. Les simulations en boucle ouverte sont aussi fournies en annexe A. Ce modèle a besoin d'être réglé pour être utilisé ultérieurement.

1.5 Conclusion

Dans ce chapitre, nous avons présenté l'historique du FCC, son fonctionnement, présenté les principales approches de modélisation, son évolution technologique et enfin nous avons décrit un modèle de FCC utilisables pour des objectifs de commande. Nous avons apporter des modifications à ce modèle pour améliorer sa capacité de prédiction en incorporant un riser dont les cinétiques de craquage sont de quatre groupes. Le riser étant le réacteur le plus important du FCC, a fait l'objet de diverses approches de modélisation. Dans le chapitre suivant, nous allons passer en revue les différents modèles de craquage utilisés dans la modélisation des risers, étudier l'impact de certaines variables sur les produits attendus et explorer les conditions nécessaires pour l'interchangeabilité des modèles de craquage dans le riser dans les modèles intégrés de FCC.

Chapitre 2

Simulation des modèles de craquage dans le riser

> Il y a des choses qu'on ne peut voir qu'avec des yeux qui ont pleuré.
>
> Proverbe africain

2.1 Introduction

Le riser est l'un des deux réacteurs importants qui composent le FCC. Il est le siège des réactions de craquage qui permettent d'obtenir les produits à haute valeur ajoutée. Son fonctionnement influence grandement le fonctionnement général du FCC du fait du catalyseur qui se recouvre de coke lors des réactions de craquage et est transporté ensuite dans le régénérateur pour y être régénéré avant d'être recyclé au pied du riser. Il est donc intéressant de faire un certain nombre de simulations pour mieux comprendre son fonctionnement, l'impact des interactions avec le régénérateur et surtout explorer les possibilités de son interchangeabilité. Les résultats de simulation seront comparés dans certains cas aux mesures industrielles existant dans la littérature. Le Tableau 2.1 présente les modèles de riser, leurs auteurs et l'utilisation dans les FCC. Au vu de ce tableau, nous constatons que différents modèles de craquage ont été utilisés dans la modélisation des risers et donc des FCC.

Chapitre 2. Simulation des modèles de craquage dans le riser

Tableau 2.1 – Modèles de riser et leur utilisation dans la modélisation des FCC

Nombre de groupes	Auteur du modèle de riser	Modèle de riser utilisé dans un FCC par
3	(Weekman and Nace, 1970)	(Ali and Elnashaie, 1997) (Aguilara et al., 1999) (Pandimadevi et al., 2010) (Cristea et al., 2003)
4	(Lee et al., 1989a) (Malay et al., 1999)	(Ali et al., 1997) (Alaradi and Rohani, 2002) (Jian et al., 2003) (Malay et al., 1999)
5	(Ancheyta-Juarez et al., 1999) (Bellman, 2007)	(Koratiya et al., 2010) (Roman et al., 2009) (Dasila et al., 2012) (Maya-Yescasa et al., 1998) (Mihet and Cristea, 2011)
6	(Fernandes et al., 2008) (Fernandes et al., 2007)	(Fernandes et al., 2008) (Fernandes et al., 2007)
7	(Ou-guan et al., 2006)	
8	(Chen et al., 2007) (Wang et al., 2012)	
9	(Hongjun et al., 2006)	
10	(Jacob et al., 1976a)	(Arbel et al., 1995) (Secchi et al., 2001) (Han et al., 2004) (Arandes et al., 2003) (Ellis et al., 2007) (Nt and Secchi, 2011)
14	(Lan et al., 2009) (Li et al., 2013)	(Lan et al., 2009) (Li et al., 2013)

2.2 Modèle de craquage à trois groupes

Le modèle simulé est issu des travaux de (Lee and Groves, 1985). Les cinétiques des réactions de craquage de ce modèle sont décrites par trois groupes selon la Figure 1.7. Les équations de ce modèle ont été présentées dans le chapitre 1

Le Tableau 2.2 donne les valeurs numériques utilisées en simulation.
Résultats de simulation et discussion

L'influence de la concentration en coke $C_{cokereg}$ sur le catalyseur à l'entrée dans le riser a été étudiée. En effet, on peut craindre que les réactions dans le riser soient fortement dépendantes de cette concentration en coke à l'entrée qui dépend du fonctionnement du régénérateur. Deux valeurs de concentration en coke $C_{cokereg}$ ont été testées.

En prenant la valeur stationnaire $C_{cokereg} = 0.00385$, les Figures 2.1(a), 2.2(a) et 2.3(a) représentent respectivement le coke produit dans le riser, les fractions massiques de gazole

Tableau 2.2 – Données du riser utilisées en simulation

Notation	Signification	valeur
F_{regcat}	débit massique du catalyseur (kg.s^{-1})	294
F_{feed}	débit massique de alimentation (kg.s^{-1})	40.63
T_{feed}	température de l'alimentation (K)	434.63
T_{boil}	température d'ébullition de l'alimentation (K)	700
ΔH_{vap}	enthalpie de vaporisation (J.kg^{-1})	1.5610^5
C_{po}	capacité calorifique de l'huile (J.kg^{-1}.K^{-1})	2671
C_{psteam}	capacité calorifique de la vapeur (J.kg^{-1}.K^{-1})	1900
E_{af}	énergie d'activation pour le craquage de l'alimentation (J.mol^{-1})	$101.5\,10^3$
E_{ag}	énergie d'activation pour le craquage de l'essence (J.mol^{-1})	$112.6\,10^3$
t_c	temps de séjour dans le riser (s)	9.6
E_{acf}	énergie d'activation pour la formation du coke (J.mol^{-1})	2089.5
C_{pair}	capacité calorifique de l'air (J.kg^{-1}.K^{-1})	1074
$\Delta Hcrack$	enthalpie de craquage (J.kg^{-1})	$506.2\,10^3$
α_2	fraction d'alimentation qui produit l'essence	0.75
n_{CH}	nombre de moles d'hydrogène par mole de carbone dans le coke	2
M_{wcoke}	masse moléculaire du coke (kg.mol^{-1})	14.10^{-3}

et d'essence, et la température du riser.

En faisant varier la quantité de coke sur le catalyseur régénéré de $C_{cokereg} = 0.00385$ à $C_{cokereg} = 0.00800$, nous obtenons les résultats des Figures 2.1(b), 2.2(b) et 2.3(b).

Ces résultats montrent clairement que les variables du riser dépendent fortement de la quantité de coke sur le catalyseur régénéré. Plus il y aura de coke sur le catalyseur régénéré, moins le craquage sera efficace. Il serait donc important de tenir compte de ce coke dans la prédiction du coke produit dans le riser.

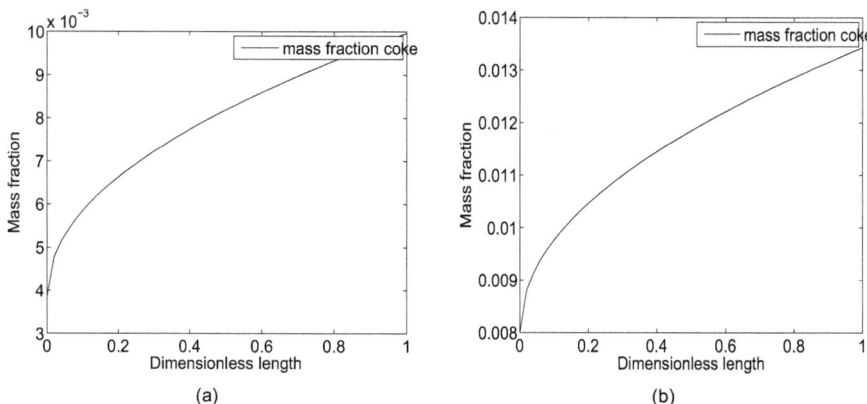

Figure 2.1 – Modèle à trois groupes : Profil de fraction massique en coke le long du riser : (a) $C_{cokereg}$=0.00385, (b) $C_{cokereg}$=0.00800

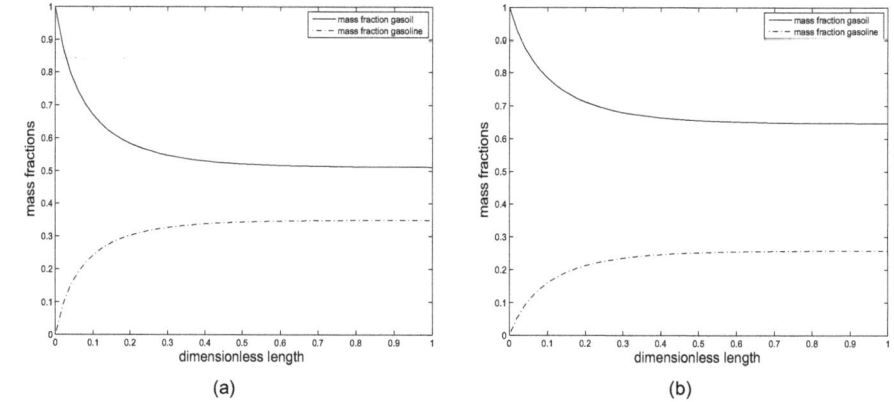

Figure 2.2 – Modèle à trois groupes : Profil de fractions massiques de gazole et d'essence le long du riser : (a) $C_{cokereg}$=0.00385, (b) $C_{cokereg}$=0.00800

Commande Prédictive d'un FCC

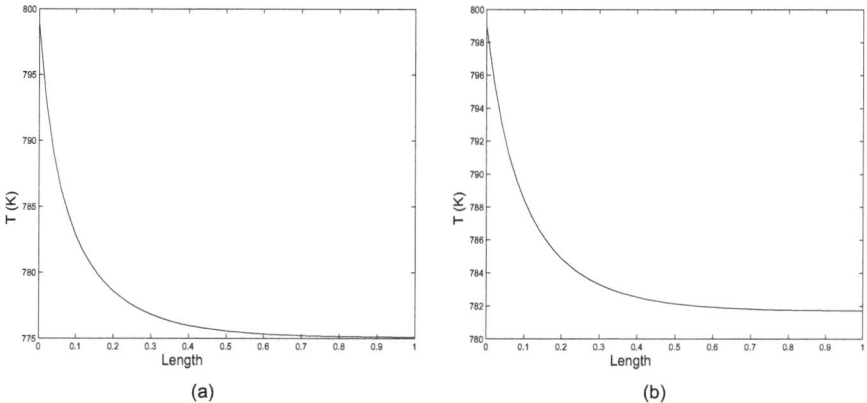

Figure 2.3 – Modèle à trois groupes : Profil de température le long du riser le long du riser : (a) $C_{cokereg}$=0.00385, (b) $C_{cokereg}$=0.00800

2.3 Modèle de craquage à quatre groupes

Le modèle de craquage à quatre groupes (Figure 1.8) est inspiré des travaux de (Yen et al., 1987) et de (Ali et al., 1997). Les hypothèses de modélisation sont les suivantes :
- L'écoulement des gaz dans le riser peut être simulé selon un réacteur piston idéal,
- La dispersion axiale est négligeable,
- La réaction de craquage du gazole est d'ordre 2,
- La réaction de craquage de l'essence est d'ordre 1,
- Le gazole et l'essence ont une fonction de désactivation identique,
- C_1-C_4 ne produit pas de coke,
- Le contenu en coke de l'alimentation est faible,
- La vaporisation du gazole à la base du riser est instantanée,
- Le riser est adiabatique,
- La dynamique du riser est assez rapide pour supposer un modèle quasi-stationnaire,
- Le dépôt de coke sur le catalyseur n'affecte pas l'écoulement du fluide.

Ce modèle simule un réacteur piston idéal. On suppose une vaporisation instantanée du gazole. Les dynamiques du riser sont supposées négligeable par rapport à la combustion du coke. Par conséquent les bilans de masse et d'énergie dans le riser sont à l'état stationnaire. Les concentrations des différents gaz d'hydrocarbure dans le riser sont normalisées par rapport à la concentration du gazole. La température est normalisée par rapport à la température à l'état stationnaire du lit dense du régénérateur.

2.3.1 Équations du modèle de riser

On considère les états suivants, fonction de la hauteur, pour représenter le comportement du riser par un système d'équations différentielles spatiales :
$x_{1,ris}$, fraction massique de gazole,

$x_{2,ris}$, fraction massique d'essence,
$x_{3,ris}$, fraction massique des hydrocarbures légers,
$x_{4,ris}$, fraction massique du coke,
$x_{5,ris}$, température.

Le facteur ϕ représentant la désactivation du catalyseur causée par le dépôt de coke est donné par :

$$\phi = \exp(-\alpha\, t_{cat,z}) \tag{2.1}$$

où α est le paramètre de dégradation du catalyseur, $t_{cat,z}$ est le temps de séjour du catalyseur qui dépend de la hauteur adimensionnelle $z = z'/L_{ris}$ considérée dans le riser : ($z \in [0,1]$).

$$\alpha = \alpha_0 \exp\left(-\frac{E_\alpha}{R x_{5,ris}}\right) \tag{2.2}$$

Dérivée de la fraction massique de gasoil dans le riser :

$$\frac{dx_{1,ris}}{dz} = -\frac{\phi V_{ris}\, \epsilon_{g,ris}\, \rho_{g,ris}}{F_{g,ris}} (k_{12} + k_{13} + k_{14})\, x_{1,ris}^2 \tag{2.3}$$

$\epsilon_{g,ris}$ est la fraction occupée par les gaz d'hydrocarbures dans le riser,
$\rho_{g,ris}$ est la densité du gaz dans le riser.
Dérivée de la fraction massique d'essence dans le riser :

$$\frac{dx_{2,ris}}{dz} = -\frac{\phi V_{ris}\, \epsilon_{g,ris}\, \rho_{g,ris}}{F_{g,ris}} \left((k_{23} + k_{24})\, x_{2,ris} - k_{12}\, x_{1,ris}^2\right) \tag{2.4}$$

Dérivée de la fraction massique des hydrocarbures légers dans le riser :

$$\frac{dx_{3,ris}}{dz} = \frac{\phi V_{ris}\, \epsilon_{g,ris}\, \rho_{g,ris}}{F_{g,ris}} \left(k_{13}\, x_{1,ris}^2 + k_{23}\, x_{2,ris}\right) \tag{2.5}$$

Dérivée de la fraction massique du coke dans le riser :

$$\frac{dx_{4,ris}}{dz} = \frac{\phi V_{ris}\, \epsilon_{g,ris}\, \rho_{g,ris}}{F_{g,ris}} \left(k_{14}\, x_{1,ris}^2 + k_{24}\, x_{2,ris}\right) \tag{2.6}$$

Dérivée de la température dans le riser :

$$\begin{aligned}&\left[F_{cat,reg}\, C_{p,cat} + F_{g,ris}\, C_{p,og} + F_{g,ris}\, x_{4,ris}\, C_{p,coke}\right] \frac{dx_{5,ris}}{dz} = \\ &\left\{\phi V_{ris}\, \epsilon_{g,ris}\, \rho_{g,ris} \left[x_{1,ris}^2 (k_{12} \Delta H_{r12} + k_{13} \Delta H_{r13} + k_{14} \Delta H_{r14})\right.\right.\\ &\left.\left. + x_{2,ris}(k_{23} \Delta H_{r23} + k_{24} \Delta H_{r24})\right] - \dot{Q}_{loss}\right\}\end{aligned} \tag{2.7}$$

2.3.2 Résultats de simulation

Les paramètres cinétiques pour les réactions de craquage et les conditions de simulation sont donnés dans les Tableaux 2.3, 2.4, 2.5 et 2.6. Les Figures 2.4(a), 2.5(c), 2.4(b), 2.5(b) et 2.5(a) présentent les résultats de simulation.

Le Tableau 2.7 donne la synthèse relative aux données d'un riser industriel (Lee et al., 1989a) et les résultats de simulation du modèle utilisé.

Tableau 2.3 – Paramètres cinétiques (Ali et al., 1997; Lee et al., 1989a)

Réactions	Facteur pré-exponentiel	Énergie d'activation ($J.mol^{-1}$)	Enthalpie de réaction ($J.kg^{-1}$)
Gasole → essence	221.61× 60	$68.2495\,10^3$	$4.1855 \times (-710\,10^3)$
Gasole →gaz légers	1263.61 × 30	$89.2164\,10^3$	$4.1855 \times (-2328\,10^3)$
Gasole →coke	10.45 × 100	$64.5750\,10^3$	$4.1855 \times (4687\,10^3)$
Essence→ gaz légers	0.904	$52.7184\,10^3$	$4.1855 \times (-1618\,10^3)$
Essence → coke	2210.28	$115.458\,10^3$	$4.1855 \times (5403\,10^3)$
Désactivation du catalyseur	$3.017\,10^8 / 3.6\,10^3$	$117.705\,10^3$	

Tableau 2.4 – Masses molaires et capacités calorifiques utilisées (Ali et al., 1997; Lee et al., 1989a)

	MW ($kg.kmol^{-1}$)	C_p ($kJ.kg^{-1}.K^{-1}$)
Gazole	0.3	$2.671\,10^3$
Essence	0.08	
Gaz léger	0.04	$3.299\,10^3$
Coke		1087
Vapeur		
Catalyseur		$1.15\,10^3$

Tableau 2.5 – Dimensions du riser

Longueur	33 m
Diamètre	0.8 m

Tableau 2.6 – Conditions de fonctionnement

	Débit ($kg.s^{-1}$)	Température entrée (K)
Alimentation	25	502
Catalyseur	250	999.5

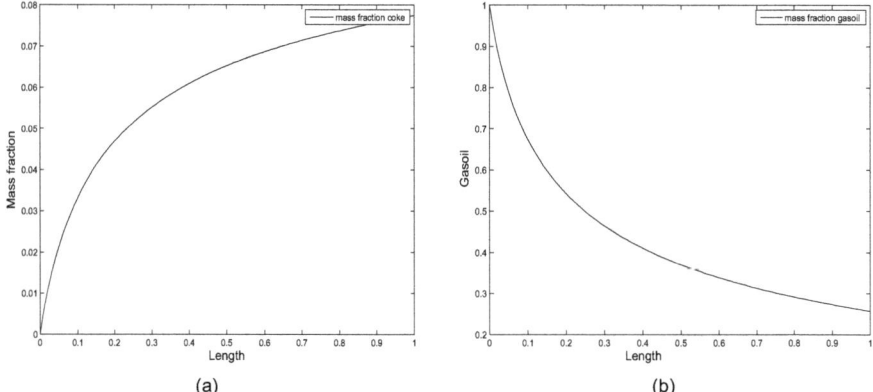

Figure 2.4 – Modèle à quatre groupes : Profil de fractions massiques en coke (a) et en gazole (b) le long du riser dans le cas où $C_{cokereg}$=0.00385

Tableau 2.7 – Prédiction du modèle et écart par rapport aux données industrielles (Ahari et al., 2008)

		Cas 1 $C_{coke,reg}$=0		Cas 2 $C_{coke,reg}$=0.00385		Cas 3 $C_{coke,reg}$=0.0385	
	Procédé	Modèle	Ecart (%)	Modèle	Ecart (%)	Modèle	Ecart (%)
Production d'essence (masse%)	43.9	43.7	-0.45	43.7	-0.45	43.7	-0.45
Production de coke (masse%)	5.8	7.74	5.17	7.71	-5.1	7.44	-1.3
Température en sortie du riser (K)	795	801	7.5	801	7.5	730	8.17

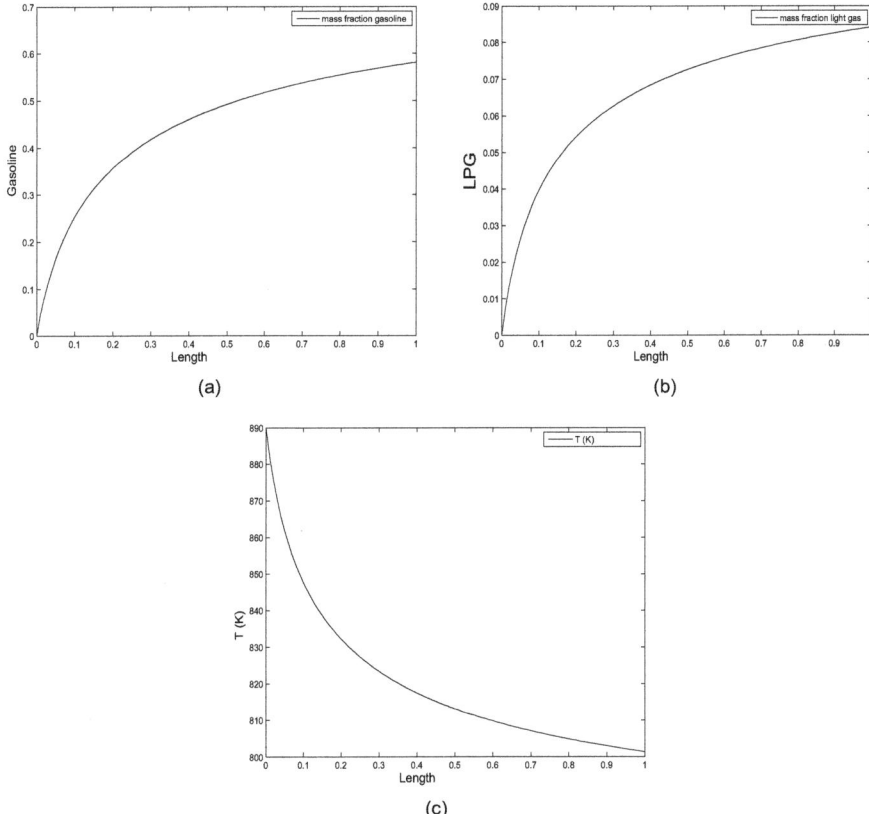

Figure 2.5 – Modèle à quatre groupes : Profil de fractions massiques en essence (a) et gaz légers (b) et température (c) le long du riser dans le cas où $C_{cokereg}$=0.00385

Au vu de la synthèse des résultats de simulation dans le Tableau 2.7, nous constatons que les prédictions de ce modèle sont assez proches des mesures industrielles, même lorsque la concentration en coke à l'entrée du riser est non nulle.

2.4 Modèle de craquage à cinq groupes

Le modèle de craquage à cinq groupes est inspiré des travaux de (Ancheyta-Juarez et al., 1999) et de (Dagde and Puyate, 2012a). Il est décrit par des cinétiques de craquage de la Figure 1.9. Il divise le groupe des gaz légers en groupe de gaz sec et LPG. L'importance de ce modèle provient du fait qu'il peut prédire la formation du coke, le LPG qui contient des hydrocarbures importants, le gaz sec qui est utilisé comme gaz de combustible dans les raffineries. Les hypothèses de modélisation sont les suivantes :
- L'écoulement des gaz dans le riser simule un réacteur piston idéal,
- La dispersion axiale est négligeable,
- La réaction de craquage du gazole est d'ordre 2,
- La réaction de craquage de l'essence est d'ordre 1,
- La viscosité de l'alimentation et les capacités calorifiques de tous les composés sont supposées constantes,
- Le coke a la même capacité calorifique que le catalyseur,
- Le contenu en coke de l'alimentation est faible,
- Vaporisation instantanée du gazole à la base du riser,
- Le riser est adiabatique,
- Dans chaque section du riser, le catalyseur et les gaz ont la même température,
- Le dépôt de coke sur le catalyseur n'affecte pas l'écoulement du fluide,
- La dispersion et l'absorption dans les particules de catalyseur est négligeable,
- Le changement de pression le long du riser est dû au catalyseur.

2.4.1 Équations du modèle

Les cinétiques des vitesses de réactions sont données par les équations suivantes :
Cinétique de craquage de gazole :

$$\mathcal{R}_1 = -(k_1 + k_2 + k_3 + k_4)\, x_{ris,1}^2 \phi \qquad (2.8)$$

Cinétique de craquage de l'essence :

$$\mathcal{R}_2 = (k_1\, x_{1,ris}^2 - k_5\, x_{2,ris} - k_6\, x_{2,ris})\phi \qquad (2.9)$$

Cinétique de craquage du LPG :

$$\mathcal{R}_3 = (k_2\, x_{1,ris}^2 + k_5\, x_{2,ris} - k_7\, x_{3,ris})\phi \qquad (2.10)$$

Cinétique de craquage du gaz légers :

$$\mathcal{R}_4 = (k_3\, x_{1,ris}^2 + k_6\, x_{2,ris} + k_7\, x_{3,ris})\phi \qquad (2.11)$$

Cinétique du coke :

$$\mathcal{R}_5 = (k_4\, x_{ris,1}^2)\phi \qquad (2.12)$$

Fonction de désactivation :
$$\phi = \exp(-k_d t_c) \tag{2.13}$$

Coefficient de désactivation du catalyseur selon la loi d'Arrhenius :
$$K_d = K_{d0} \exp(-E/RT) \tag{2.14}$$

Le temps de séjour du catalyseur t_c est donné par la relation :
$$t_c = \frac{A_r \rho_{cat} L_r}{F_0 (CTO)} \tag{2.15}$$

Dérivée des fractions massiques :
$$\frac{dx_{ris,i}}{dz} = \frac{1}{WHSV} \left(\frac{\rho_L}{\rho_C}\right) \mathcal{R}_i \tag{2.16}$$

WHSV est la vitesse massique par heure,
ρ_L masse volumique du liquide,
ρ_C masse volumique du catalyseur.

Le modèle de (Dagde and Puyate, 2012a) donne les dérivées des fractions massiques égales à :
$$\frac{dx_{ris,i}}{dz} = \frac{\phi V_{ris} \epsilon_{g,ris} \rho_{g,ris}}{F_{g,ris}} \left(\frac{\rho_L}{\rho_C}\right) \mathcal{R}_i \tag{2.17}$$

Les paramètres du modèle sont donnés dans le Tableau 2.8.

Tableau 2.8 – Paramètres cinétiques du modèle de (Ancheyta-Juarez et al., 1999)

Réactions	Facteur pré-exponentiel (s^{-1})	Énergie d'activation (J kmol^{-1})	Enthalpie de réaction (J kg^{-1})
Gasole → essence	$1.15\ 10^3$	$59.66\ 10^3$	$393\ 10^3$
Gasole → gaz légers	$7.36\ 10^1$	$47.82\ 10^3$	$795\ 10^3$
Gasole → coke	1.79	$30.95\ 10^3$	$1200\ 10^3$
Essence → gaz légers	$4.26\ 10^2$	$68.83\ 10^3$	$1150\ 10^3$
Essence → coke	$5.99\ 10^{-4}$	$57.74\ 10^3$	$151\ 10^3$
Catalyst deactivation	$5.91\ 10^4$	$67.21\ 10^3$	

2.4.2 Résultats de simulation

Les Figures 2.6 et 2.7 présentent les résultats de simulation du riser à cinq groupes proposé par (Ancheyta-Juarez et al., 1999) et modifié par (Dagde and Puyate, 2012a). Le Tableau 2.9 présente la comparaison des résultats de simulation avec les données industrielles obtenues dans la littérature (Dagde and Puyate, 2012a). Au vu de ces résultats, nous constatons une bonne prédiction des produits attendus du FCC par ce modèle. Les variations de la température et la quantité de coke produit dans le riser sont assez proches des mesures industrielles. On

Tableau 2.9 – Comparaison des prédictions avec les données industrielles (Dagde and Puyate, 2012a) (modèle à cinq groupes)

	Procédé	Calculs	Écart (%)
Gazole (%masse)	26.6	25.49	-4.17
LPG (%masse)	17	17.28	1.65
Coke (%masse)	5.1	5.22	2.35
Température de sortie (K)	658	663.05	0.77

a un écart de température au sommet du riser qui est de 0.77% par rapport aux mesures industrielles. Ces performances permettent d'utiliser ce modèle dans un modèle intégré de FCC.

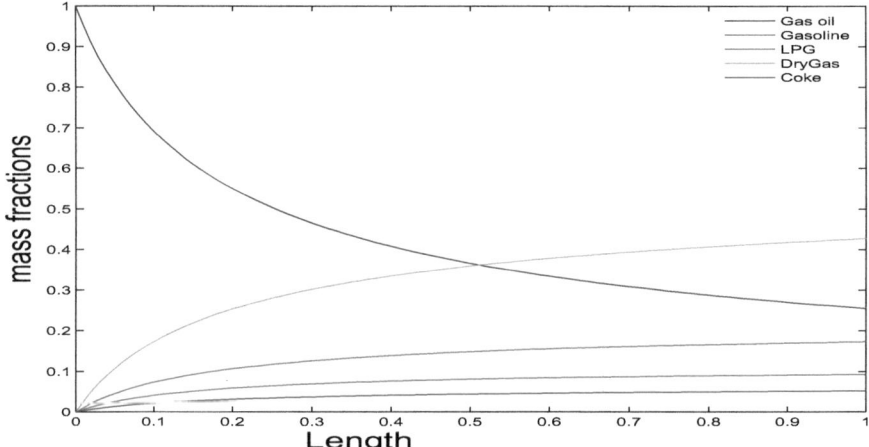

Figure 2.6 – Modèle à cinq groupes : Profil de fractions massiques le long du riser

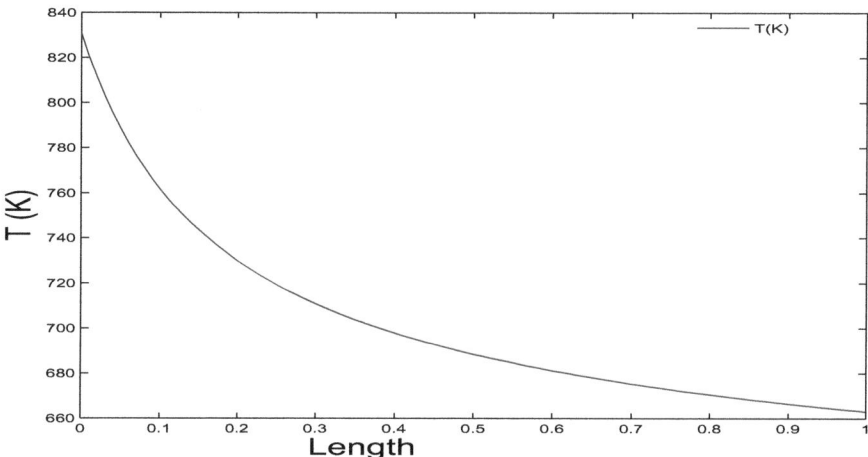

Figure 2.7 – Modèle à cinq groupes : Profil de température le long du riser

2.5 Modèle de craquage à six groupes

Le riser avec cinétique de craquage à six groupes Figure(1.10) que nous simulons est inspiré des travaux de (Dagde and Puyate, 2012b).

Les hypothèses de modélisation sont quasiment les mêmes que celles définies pour les risers précédents.

- L'écoulement des gaz dans le riser simule un réacteur piston idéal,
- La dispersion axiale est négligeable,
- La réaction de craquage du gazole est d'ordre 2,
- La réaction de craquage de l'essence est d'ordre 1,
- La viscosité de l'alimentation et les capacités calorifiques de tous les composés sont supposées constantes,
- Le coke a la même capacité calorifique que le catalyseur,
- Le contenu en coke de l'alimentation est faible,
- Vaporisation instantanée du gazole à la base du riser,
- Le riser est adiabatique,
- Dans chaque section du riser, le catalyseur et les gaz ont la même température,
- Le dépôt de coke sur le catalyseur n'affecte pas l'écoulement du fluide,
- La dispersion et l'absorption dans les particules de catalyseur est négligeable,
- Le changement de pression le long du riser est dû au catalyseur,
- Les réactions de craquage prennent fin dans le riser donc aucune réaction n'a lieu dans le stripper.

Tableau 2.10 – Propriété du réacteur, alimentation, catalyseur et du coke pour le modèle de craquage à six groupes (Dagde and Puyate, 2012b)

Paramètres	Valeurs
Propriétés de l'alimentation	
Débit de l'alimentation (kg.s^{-1})	67.8
Température d'entrée de l'alimentation (K)	494
Capacité calorifique (gaz) (kJ.kg^{-1}.K^{-1})	3.3
Capacité calorifique (liquide) (kJ.kg^{-1}.K^{-1})	2.67
Enthalpie de vaporisation (kJ.kg^{-1})	156
Température de vaporisation (K)	698
Propriétés du catalyseur	
Débit du catalyseur (kg.s^{-1})	480.4861
Température d'entrée du catalyseur (K)	1050
Densité du catalyseur (kg.m^3)	975
Capacité calorifique (catalyseur) (kJ.kg^{-1}.K^{-1})	1.12
Capacité calorifique (coke) (kJ.kg^{-1}.K^{-1})	1.087

2.6 Équations du modèle de craquage à six groupes

$$\phi = (1 + 51\, x_{6,ris})^{-2.78} \tag{2.18}$$

$$\frac{dx_{1,ris}}{dz} = -\phi\, V_{ris}\, e_g\, \rho_g / F_{gr}\, (k_{12} + k_{13} + k_{14} + k_{15} + k_{16})\, x_{1,ris}^2 \tag{2.19}$$

$$\frac{dx_{2,ris}}{dz} = -\phi\, V_{ris}\, e_g\, \rho_g / F_{gr}\, ((k_{23} + k_{24} + k_{25} + k_{26})\, x_{2,ris} - k12\, x_{1,ris}^2) \tag{2.20}$$

$$\frac{dx_{3,ris}}{dz} = \phi\, V_{ris}\, e_g\, \rho_g / F_{gr}\, (k_{13}\, x_{1,ris}^2 + k_{23}\, x_{2,ris} - (k_{34} + k_{35})\, x_{3,ris}) \tag{2.21}$$

$$\frac{dx_{4,ris}}{dz} = \phi\, V_{ris}\, e_g\, \rho_g / F_{gr}\, (k_{14}\, x_{1,ris}^2 + k_{24}\, x_{2,ris} + k_{34}\, x_{3,ris} - k_{45}\, x_{4,ris}) \tag{2.22}$$

$$\frac{dx_{5,ris}}{dz} = \phi\, V_{ris}\, e_g\, \rho_g / F_{gr}\, (k_{15}\, x_{1,ris}^2 + k_{25}\, x_{2,ris} + k_{35}\, x_{3,ris} + k_{45}\, x_{4,ris}) \tag{2.23}$$

$$\frac{dx_{6,ris}}{dz} = \phi\, V_{ris}\, e_g\, \rho_g / F_{gr}\, (k_{16}\, x_{1,ris}^2 + k_{26}\, x_{2,ris}); \tag{2.24}$$

$$\begin{aligned}\frac{dx_{7,ris}}{dz} =\ & -(\phi\, V_{ris}\, e_g\, \rho_g / (F_{cat}\, Cp_{cat} + F_{oil}\, (C_{pog} + x_{6,ris}\, cp_{coke})))\, (x_{1,ris}^2 \\ & (k_{12}\, H_{r12} + k_{13}\, H_{r13} + k_{14}\, H_{r14} + k_{15}\, H_{r15} + k_{16}\, H_{r16}) + x_{2,ris} \\ & (k_{23}\, H_{r23} + k_{24}\, H_{r24} + k_{25}\, H_{r25} + k_{26}\, H_{r26}) + x_{3,ris}\, (k_{34}\, H_{r34} + k_{35}\, H_{r35}) \\ & + x_{4,ris}\, k_{45}\, H_{r45})\end{aligned} \tag{2.25}$$

Le Tableau 2.10 présentent les données utilisées pour la simulation du modèle de craquage à six groupes. Ces données sont tirées de (Dagde and Puyate, 2012b)

Les Tableaux 2.11, 1.5 présentent les paramètres du riser.

Tableau 2.11 – Masses molaires moyennes pour le modèle à six groupes (Dagde and Puyate, 2012b)

Espèces	Masse molaire moyenne (kg.kmol^{-1})
Alimentation (GO)	386
Essence (G)	117.8
LPG (C_4)	29.4
LPG (C_3)	17.3
Gaz sec (DG)	18.4
Coke (C)	400

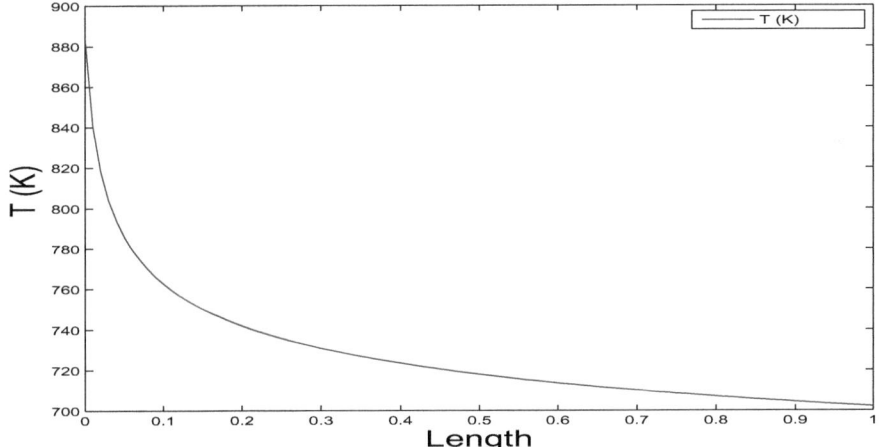

Figure 2.8 – Modèle à six groupes : Profil de température le long du riser

Tableau 2.12 – Comparaison des prédictions du modèle à six groupes avec les données industrielles (Dagde and Puyate, 2012b)

	Procédé	Calc.	Ecart (%)
Gasoil (%masse)	26.6	27.35	2.82
Essence (%masse)	45.9	45.45	-0.98
LPG 4 (%masse)	10.7	10.76	0.56
LPG 3 (wt.%)	6.3	6.07	-3.65
Fuel gas (%masse)	5.4	5.18	-4.07
Coke (%masse)	5.1	5.20	1.96
Température de sortie (K)	658	648.76	-1.40

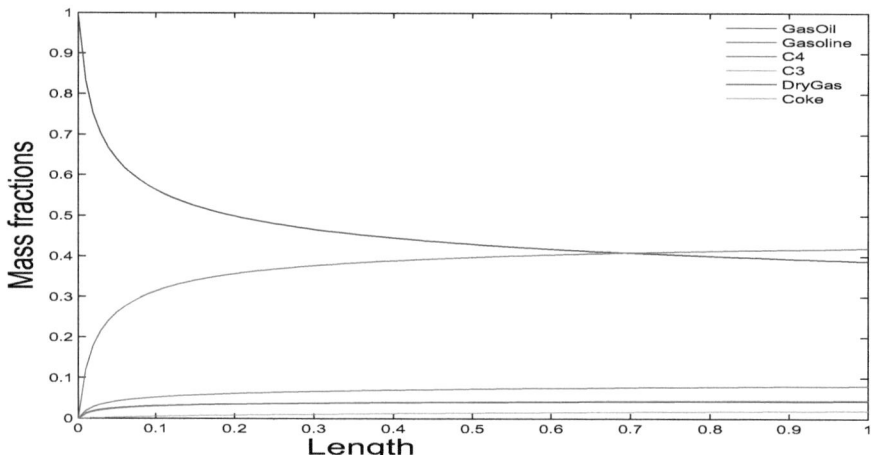

Figure 2.9 – Modèle à six groupes : Profil de fractions massiques des pseudo-composés le long du riser lorsque la fraction massique initiale du coke est égale à 0.385%.

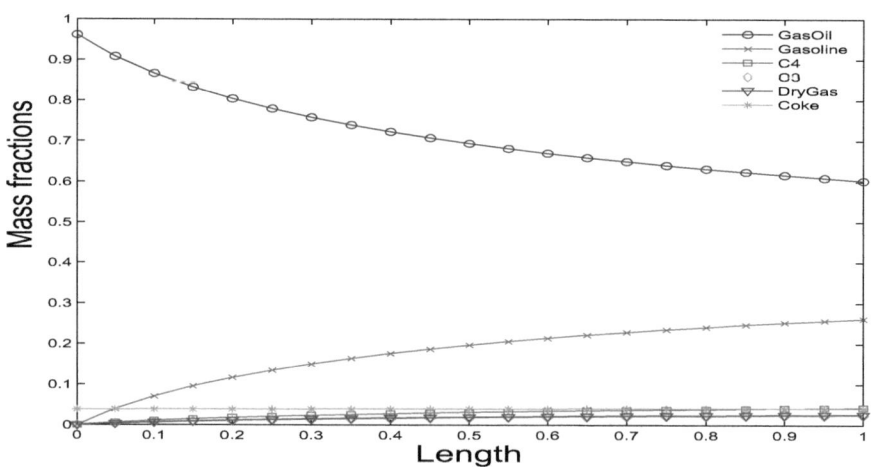

Figure 2.10 – Modèle à six groupes : Profil de fractions massiques des pseudo-composés le long du riser lorsque la fraction massique initiale du coke est égale à 3.85%

Les Figures 2.9 et 2.10, présentent les résultats de simulation pour le modèle de craquage à six groupes soumis à des quantités de coke différentes au début de chaque simulation. Nous constatons une influence de la quantité de coke sur les prédictions des différents produits attendus dans le riser. Le Tableau 2.12 présente les comparaisons entre les mesures industrielles extraites de la littérature et les résultats de simulation du modèle de craquage à six groupes. Ces résultats présentent un faible écart entre les mesures industrielles et les prédictions du modèle. Les variables telles que la température dans le riser et la quantité de coke produite sont assez rapprochées des mesures industrielles. Ce modèle peut donc être utilisé dans un modèle intégré de FCC.

2.7 Modèle de craquage à sept groupes

(Xu et al., 2006) ont publié un modèle de craquage à sept groupes qui a été repris par (Heyydari et al., 2010). Ce modèle se compose des groupes VR (résidus sous vide, > 500°C), VGO (gazole sous vide, 350 ~ 500°C), HFO (fuel lourd, 350 ~ 500°C), LFO (fuel léger, 200 ~ 350°C), G (Essence, C_5 ~200°C), S1 (gaz de pétrole liquéfié, C3~C4), S2 (Gaz sec, C1~C2) et le coke C. Ce modèle permet la prédiction distincte des produits tels que le LPG, le gaz sec et le coke. En vue de développer un modèle mathématique, les hypothèses de modélisation suivantes ont été admises :
- L'écoulement des gaz dans le riser se fait selon un réacteur piston idéal,
- Le réacteur est considéré comme endothermique,
- La viscosité de l'alimentation et la capacité calorifique de tous les composants sont constantes,
- Le dépôt de coke sur le catalyseur n'affecte pas l'écoulement du fluide,
- La viscosité de l'alimentation et les capacités calorifiques de tous les composants sont supposées constantes,
- Toutes les réactions de craquage ont lieu dans le riser.

2.7.1 Équations du modèle

Dérivée des résidus

$$\frac{dx_{1,ris}}{dz} = \phi(t_c)f(C_{arh})\alpha[-(k_1 + k_2 + k_3 + k_4 + k_5 + k_6)]x_{1,ris} \tag{2.26}$$

Dérivée du fuel lourd

$$\frac{dx_{2,ris}}{dz} = \phi(t_c)f(C_{arh})\alpha[(v_{rh}k_1\,x_{1,ris}) - (k_7 + k_8 + k_9 + k_{10} + k_{11})\,x_{2,ris}] \tag{2.27}$$

Dérivée fuel léger

$$\frac{dx_{3,ris}}{dz} = \phi(t_c)f(C_{arh})\alpha[v_{rl}k_2\,x_{1,ris} + v_{hl}k_7\,x_{2,ris} - (k_{12} + k_{13} + k_{14} + k_{15})\,x_{3,ris}] \tag{2.28}$$

Dérivée de l'essence

$$\frac{dx_{4,ris}}{dz} = \phi(t_c)f(C_{arh})\alpha[v_{rg}k_3\,x_{1,ris} + v_{hg}k_8\,x_{2,ris} + v_{lg}k_{12}\,x_{3,ris} - (k_{16} + k_{17})\,x_{4,ris}] \tag{2.29}$$

Tableau 2.13 – Comparaison du modèle à sept groupes avec les données industrielles (Heyydari et al., 2010)

	Procédé	Calculs	Écart (%)
Groupe résiduel (%masse)	7.8	7.64	-2.05
Groupe lourd (%masse)	4.75	4.56	-4.00
Groupe léger (%masse)	19.71	19.87	0.81
Essence (%masse)	35.98	35.69	-0.81
LPG (%masse)	19.49	19.41	-0.41
Dry gas (%masse)	4.14	4.50	8.70
Coke (%masse)	8.13	8.32	2.34

Dérivée du gaz liquéfié

$$\frac{dx_{5,ris}}{dz} = \phi(t_c)f(C_{arh})\alpha[v_{rS1}k_4\,x_{1,ris} + v_{hS1}k_9\,x_{2,ris} + v_{lS2}k_{13}\,x_{3,ris} + v_{gS2}k_{16}\,x_{4,ris} + k_{18}\,x_{5,ris}] \quad (2.30)$$

Dérivée du gaz sec

$$\frac{dx_{6,ris}}{dz} = \phi(t_c)f(C_{arh})\alpha[v_{rS2}k_5\,x_{1,ris} + v_{hS2}k_{10}\,x_{2,ris} + v_{lS2}k_{14}\,x_{3,ris} + v_{gS2}k_{17}\,x_{4,ris} + v_{S1S2}k_{18}\,x_{5,ris}]$$
$$(2.31)$$

Dérivée du Coke

$$\frac{dx_{7,ris}}{dz} = \phi(t_c)f(C_{arh})\alpha[v_{rc}k_6\,x_{1,ris} + v_{hc}k_{11}\,x_{2,ris} + v_{lc}k_{15}\,x_{3,ris}] \quad (2.32)$$

avec :

$$f(C_{Arh}) = \frac{1}{1 + K_hC_{arh}} \quad ; \quad \alpha = \frac{P\overline{MW}}{RTS_{wh}} \quad ; \quad S_{wh} = \frac{G_v\varepsilon}{\rho_{cL}} \quad ; \quad \phi(t_c) = \frac{1}{1 + Bt_c^\gamma} \quad (2.33)$$

où C_{arh} représente le pourcentage d'aromatiques dans l'alimentation, $K_h = 0.128$ représente le coefficient de la chaîne lourde d'aromatiques, S_{wh} représente la vraie vitesse massique par heure.

Le Tableau 1.6 fournit les paramètres du modèle utilisé.

2.7.2 Résultats de simulation

Le Tableau 2.13 et la Figure 2.11 présentent respectivement la comparaison des résultats de simulation avec les données industrielles obtenues dans la littérature et les fractions massiques dans le riser. Nous constatons un écart acceptable entre les données industrielles et les prédictions du modèle, ce qui permet d'envisager une utilisation de ce modèle pour la prédiction des produits attendus dans les risers industriels.

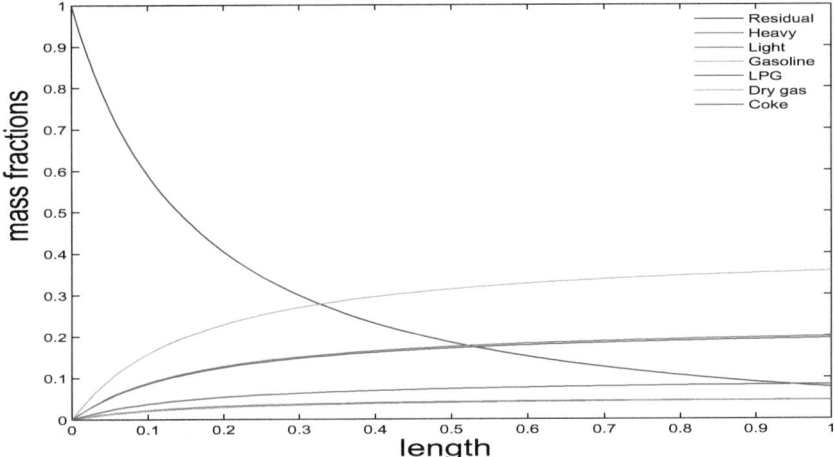

Figure 2.11 – Modèle à sept groupes : Profil de fractions massiques

2.8 Modèle de craquage à huit groupes

Ce modèle est fortement inspiré des travaux de (Wang et al., 2012). les hypothèses de modélisation suivantes ont été admises :
- Le réacteur est considéré comme isotherme,
- Un écoulement piston idéal monodimensionnel est dominant dans le réacteur sans dispersion axiale, ni radiale,
- Vaporisation instantanée de l'alimentation dès l'entrée dans le réacteur,
- Une réaction de premier ordre est supposée pour toutes les réactions,
- Le mélange gazeux suit la loi des gaz parfaits,
- Le catalyseur utilisé est considéré inerte, son changement d'activité étant négligé.

Les Tableaux 2.14, 2.15 et 1.7 présentent respectivement les propriétés du réacteur, les masses molaires et les paramètres cinétiques pour le modèle de craquage à huit groupes utilisé.

2.8.1 Équations du modèle

Temps de séjour du catalyseur à z :

$$t_{cz} = V_{ris}(1 - \epsilon_g)/(F_{cat}/\rho_s)$$

Fonction de désactivation du catalyseur :

$$\phi = (1 + 162.15\, t_{cz}^{0.76})^{-1}$$

Dérivée de la fraction massique du groupe des saturés :

$$\frac{dx_{1,ris}}{dz} = -\phi\,\rho_g\,\rho_s\,V_{ris}\,(k_{15} + k_{16} + k_{17} + k_{18})\,x_{1,ris}/F_{gr} \qquad (2.34)$$

Dérivée de la fraction massique du groupe des aromatiques :

$$\frac{dx_{2,ris}}{dz} = -\phi\,\rho_g\,\rho_s\,V_{ris}\,(k_{25} + k_{26} + k_{27} + k_{28})\,x_{2,ris}/F_{gr} \qquad (2.35)$$

Dérivée de la fraction massique du groupe des résines :

$$\frac{dx_{3,ris}}{dz} = -\phi\,\rho_g\,\rho_s\,V_{ris}\,(k_{35} + k_{36} + k_{37} + k_{38})\,x_{3,ris}/F_{gr} \qquad (2.36)$$

Dérivée de la fraction massique du groupe des alphaltènes :

$$\frac{dx_{4,ris}}{dz} = -\phi\,\rho_g\,\rho_s\,V_{ris}\,(k_{45} + k_{46} + k_{47} + k_{48})\,x_{4,ris}/F_{gr} \qquad (2.37)$$

Dérivée de la fraction massique du groupe de l'essence :

$$\frac{dx_{5,ris}}{dz} = -\phi\,\rho_g\,\rho_s\,V_{ris}\,((k_{56} + k_{57} + k_{58})\,x_{1,ris} + k_{25}\,x_{2,ris} + k_{35}\,x_{3,ris} + k_{45}\,x_{4,ris}))/F_{gr} \qquad (2.38)$$

Dérivée de la fraction massique du groupe du LO :

$$\frac{dx_{6,ris}}{dz} = -\phi\,\rho_g\,\rho_s\,V_{ris}\,(k_{16}\,x_{1,ris} + k_{26}x_{2,ris} + k_{36}\,x_{3,ris} + k_{46}\,x_{4,ris} + k_{56}\,x_{5,ris})/F_{gr} \qquad (2.39)$$

Dérivée de la fraction massique du groupe du gaz :

$$\frac{dx_{7,ris}}{dz} = -\phi\,\rho_g\,\rho_s\,V_{ris}\,(k_{17}\,x_{1,ris} + k_{27}\,x_{2,ris} + k_{37}\,x_{3,ris} + k_{47}\,x_{4,ris} + k_{57}\,x_{5,ris})/F_{gr} \qquad (2.40)$$

Dérivée de la fraction massique du groupe du coke :

$$\frac{dx_{8,ris}}{dz} = -\phi\,\rho_g\,\rho_s\,V_{ris}\,(k_{18}\,x_{1,ris} + k_{28}\,x_{2,ris} + k_{38}\,x_{3,ris} + k_{48}\,x_{4,ris} + k_{58}\,x_{5,ris})/F_{gr} \qquad (2.41)$$

2.8.2 Résultats de simulation

La Figure 2.12 présente les variations des produits attendus pour le modèle de craquage à huit groupes. Ces prédictions devraient encore être comparées aux mesures industrielles pour permettre de se prononcer sur l'utilisation de ce modèle pour un riser industriel. L'absence de mesures industrielles dans la littérature ne nous a pas permis de faire cette comparaison.

Tableau 2.14 – Propriétés du réacteur, alimentation et catalyseur pour le modèle de craquage à huit groupes (Wang et al., 2012)

Paramètres principaux	Valeur
Dimensions du FCC	
Longueur du réacteur (m)	36.965
Diamètre du réacteur (m)	0.684
Réaction température (K)	753
Pression du réacteur (kPa)	151.14
Propriété de l'alimentation	
Débit de l'alimentation (kg/h)	141000
Fractions massiques (%masse)	
Saturés	66.44
Aromatiques	22.50
Résines	8.78
Asphaltènes	2.28
Propriétés du Catalyseur	
Débit du catalyseur (kg.h^{-1})	544200
Densité du catalyseur (kg.m^{-3})	760

Tableau 2.15 – Masse molaire moyenne pour le modèle à huit groupes (Wang et al., 2012)

Espèces	Masse molaire moyenne (g.mol^{-1})
Groupe saturés (Sa)	760
Groupe aromatiques (Ar)	880
Groupe résines (Re)	1350
Groupe asphaltènes (As)	3650
Groupe gazole (GO)	400
Groupe LO (LO)	165
Groupe gaz (G)	31
Groupe coke (C)	400

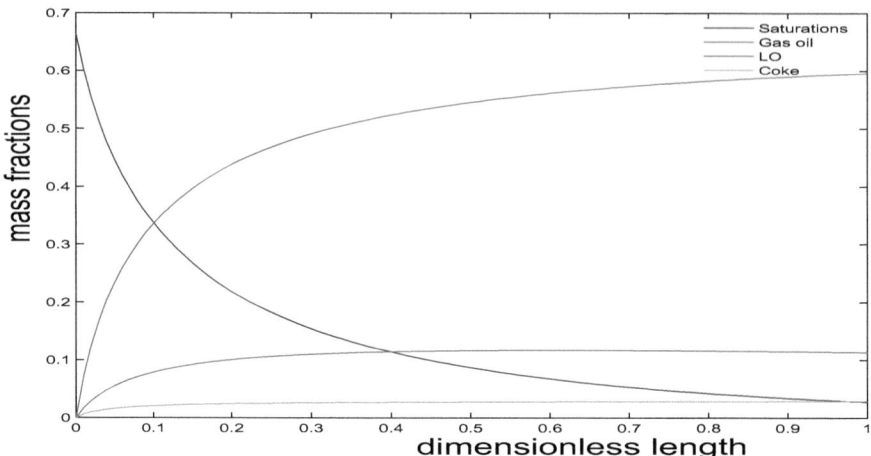

Figure 2.12 – Modèle à huit groupes : Profil de fractions massiques

2.9 Comparaison entre modèles

L'idéal pour un modélisateur serait de disposer de modèles interchangeables. Ainsi, pour le riser, de nombreux modèles avec différents nombres de groupes sont disponibles. Nous avons donc effectué une comparaison des principales variables fournies par ces modèles, à savoir le profil de gas oil ayant réagi le long du riser (Figure 2.13), le profil de production d'essence (Figure 2.14), le profil de fraction massique de coke produit (Figure 2.15) et le profil de température (Figure 2.16). Dès que l'on considère le profil de gas oil ayant réagi (Figure 2.13), on constate une grande disparité, en particulier pour le modèle de craquage à quatre groupes. Ceci s'explique par le fait que les modèles de lumping et leurs constantes cinétiques ont été identifiés pour des types d'huile brute différents et donc, en fait, les modèles ne sont pas interchangeables. Par contre, il est probable qu'il soit possible, étant donné une huile brute particulière, de s'inspirer d'un modèle donné pour réidentifier les coefficients cinétiques avec un minimum d'expériences. On constate la même variation importante pour le profil de production d'essence (Figure 2.14). Le profil de fraction massique de coke produit (Figure 2.15) présente d'énormes disparités puisque cela représente un facteur supérieur à 10. Le profil de température (Figure 2.16) présente aussi de grandes variations en fonction du modèle et normalement, étant donné une mesure de température en pied et en tête du riser, il devrait être possible de réidentifier une enthalpie de réaction globale assez aisément.

Le Tableau 2.16 présente les valeurs finales des prédictions pour certains modèles et des valeurs des mesures industrielles provenant de (Ahari et al., 2008). Nous constatons que les prédictions du modèle à quatre groupes se rapprochent beaucoup plus des mesures industrielles. Toutefois, chaque modèle de cracking a été identifié à partir d'un produit ou huile brute donnée. Or, ces huiles brutes sont nécessairement de provenances différentes et ont donc des compositions différentes. Il s'ensuit que les modèles présentent entre eux des disparités importantes en simulation, et dans la pratique, pour un modèle à n groupes donné, il faudrait en fait refaire une identification cinétique et thermique.

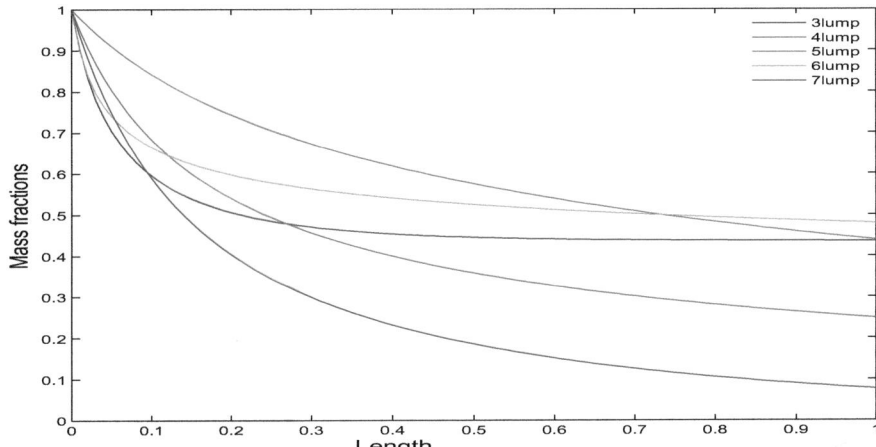

Figure 2.13 – Comparaison entre modèles : Profil de gas oil ayant réagi le long du riser

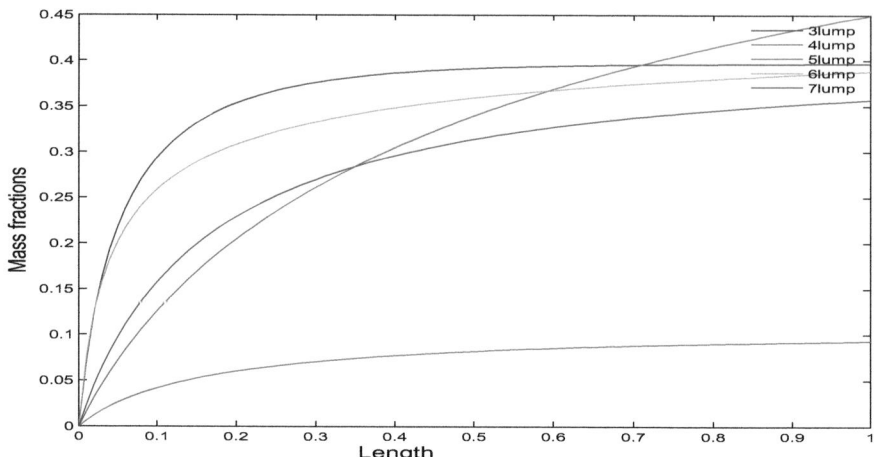

Figure 2.14 – Comparaison entre modèles : Profil d'essence produite le long du riser

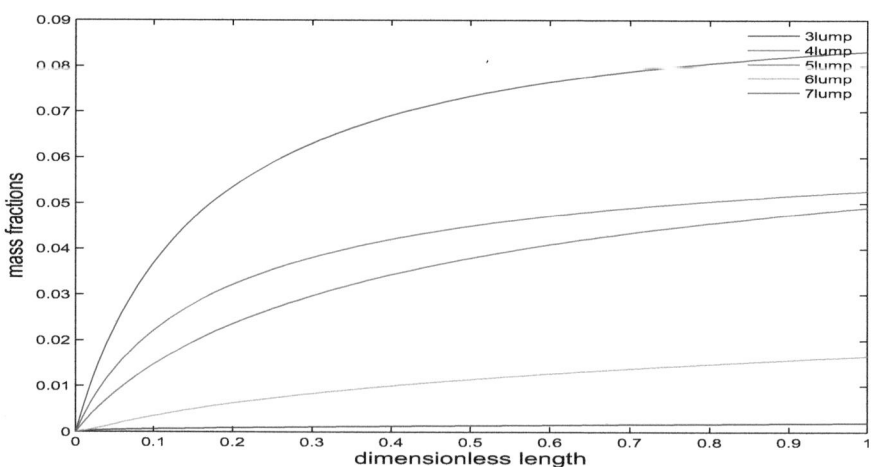

Figure 2.15 – Comparaison entre modèles : Profil de fraction massique de coke le long du riser

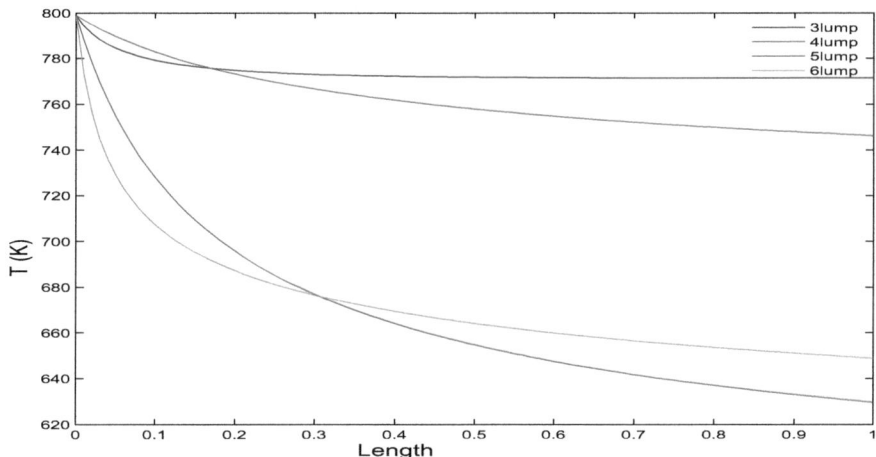

Figure 2.16 – Comparaison entre modèles : Profil de température le long du riser

Tableau 2.16 – Comparaison des fractions massique et température de certains modèles

Modèle de riser	Essence Produite	Coke Produit	Température au sommet du riser (K)
Trois groupes	0.435	$1.98\,10^{-3}$	771.3
Quatre groupes	0.494	0.0627	746.27
Cinq groupes	0.0925	0.0522	663.04
Six groupes	0.422	0.0196	701.96
Modèle industriel à quatre groupes (Ahari et al., 2008)	0.438	0.058	795
Modèle industriel à cinq groupes (Dagde and Puyate, 2012a)	0.45	0.051	658
Modèle industriel à cinq groupes (Dagde and Puyate, 2012a)	0.45	0.051	658

2.10 Impact de la concentration du coke

La concentration en coke provenant du catalyseur régénéré entrant au pied du riser, notée $C_{coke,reg}$, a une influence considérable sur le fonctionnement du riser et donc du FCC. Son influence sera étudiée dans cette section. Nous allons présenter les résultats de simulation dans le cas d'un modèle de craquage à quatre groupes de (Yen et al., 1987) et de (Ali et al., 1997) déjà présenté.

Nous considérons deux fonctions de désactivation du catalyseur différentes afin d'étudier l'influence de l'expression de la fonction de désactivation du catalyseur sur la fraction massique en coke dans le riser.

Dans le cas 1 tiré de (Ali et al., 1997), le temps de séjour à la hauteur z dans le riser est :

$$t_{cz} = \frac{V_{ris}\, z}{F_{oil}/\rho_g + F_{cat}/\rho_s} \tag{2.42}$$

et la fonction de désactivation du catalyseur :

$$\phi = \exp(-a\, t_{cz}) \tag{2.43}$$

avec $a = a_o \exp(-E_a/(R\,x(5)))$.

Dans le cas 2 tiré de Li et al. (2013), la fonction de désactivation du catalyseur est :

$$\phi = (1 + 0.51\, C_{coke,reg})^{-2.78} \tag{2.44}$$

Le cas 3 est identique au cas 2 sauf que la valeur donnée à la concentration de coke sortant du régénérateur $C_{coke,reg}$ est plus importante.

Les Figures 2.17, 2.18 et 2.17 présentent les résultats de simulation dans les cas d'utilisation de la première et de la deuxième expression de la fonction de désactivation. La deuxième fonction de désactivation a été soumise à deux valeurs de coke différentes.

Tableau 2.17 – Résultats de simulation pour le modèle de craquage à 4 groupes

Modèle	Facteur de désactivation	Coke produit (fr.mass.)	Essence (fr.mass.)	Température (K)
(Yen et al., 1987)	Cas 1	0.0720	0.5567	787.77
Li et al. (2013)	Cas 2 avec $C_{coke,reg} = 0.00385$	0.0655	0.4906	795.98
Li et al. (2013)	Cas 3 avec $C_{coke,reg} = 0.0385$	0.0173	0.1366	845.21

Nous avons aussi évalué l'impact du coke sur le catalyseur régénéré dans la prédiction des produits attendus d'un modèle de craquage à six groupes. La valeur de la fraction massique de coke sur le catalyseur régénéré utilisée est $C_{coke,reg}$=0.0033 ; Les figures 2.19, 2.20 et 2.21 présentent les comparaisons de prédiction dans le cas 1 d'une fonction de désactivation (2.43) qui ne tient pas compte du coke sur le catalyseur régénéré et dans le cas 2 d'une fonction de désactivation (2.44) qui en tient compte. Nous constatons sur ces figures une différence nette de prédiction pour les deux cas concernés avec une prédiction inférieure du coke dans le case 2 montrant la diminution de vitesse de réaction dur à la présence de coke régénéré et une influence sur la diminution de température le long du riser moins importante dans le cas

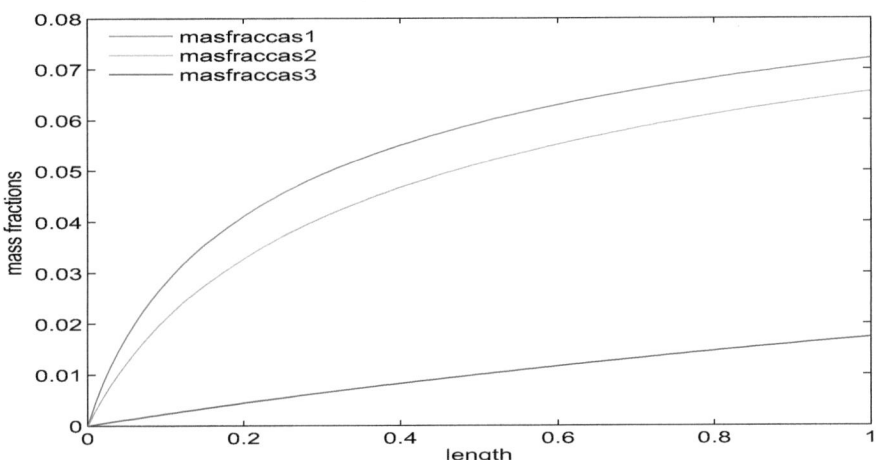

Figure 2.17 – Profil de fraction massique du coke pour le modèle à 4 groupes dans les cas 1, 2 et 3

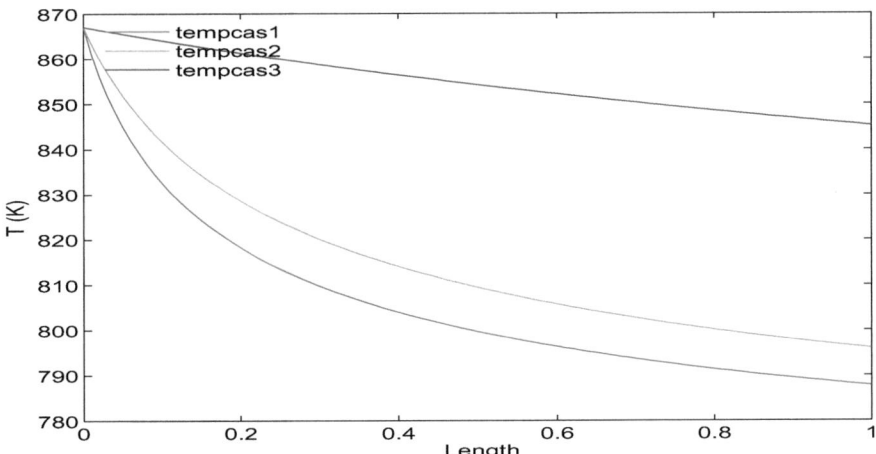

Figure 2.18 – Profil de température pour le modèle à 4 groupes dans les cas 1, 2 et 3

2, comme on pouvait s'y attendre par suite de la diminution de vitesse de réaction. L'essence formée augmente moins rapidement également dans le cas 2.

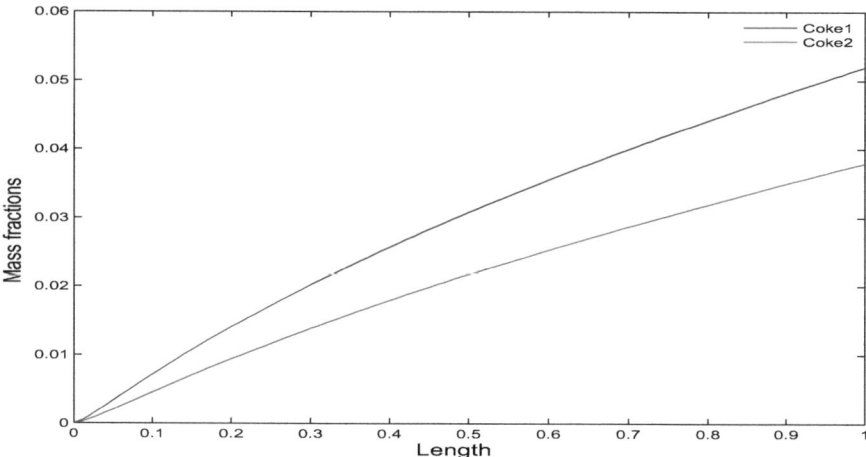

Figure 2.19 – Impact de la concentration du coke : Profil de fraction massique du coke pour le modèle à six groupes dans les cas 1 et cas 2

Nous constatons à partir des Figures 2.17, 2.18, 2.19, 2.20, 2.21 et du Tableau 2.17 que la prise en compte du catalyseur dans l'expression du facteur de désactivation a une importance dans la prédiction du coke produit et des autres produits résultants du craquage dans le riser. On constate par exemple une diminution de la température et une augmentation globale du coke. Ceci se justifie par le fait que le coke restant sur le catalyseur après la réaction de combustion est explicitement pris en compte. La prise en compte de ce coke permet une prédiction plus réaliste des produits attendus pour les différentes réactions de craquage.

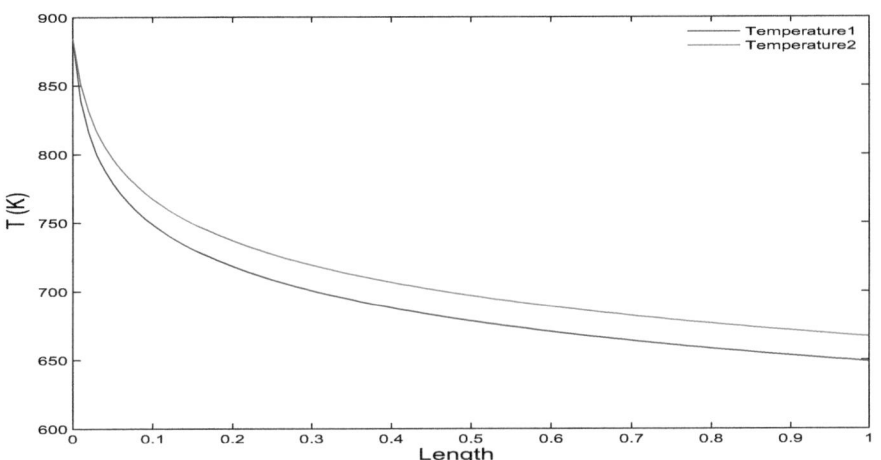

Figure 2.20 – Impact de la concentration du coke : Profil de température pour le modèle à six groupes dans les cas 1 et 2

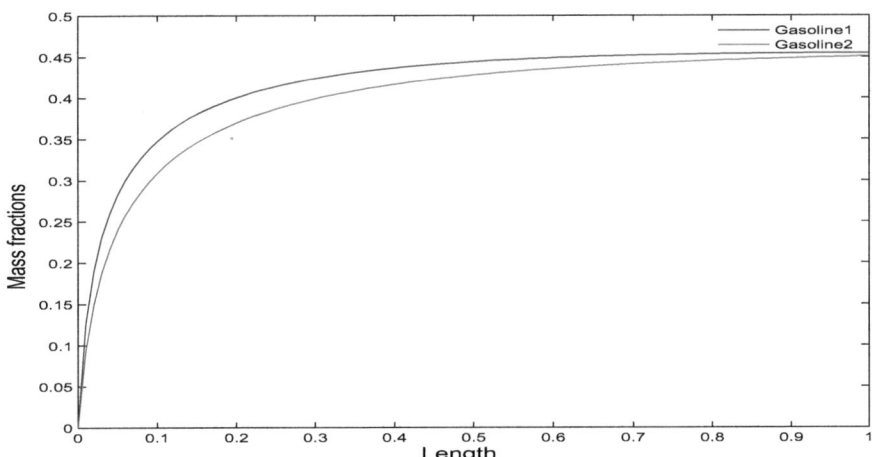

Figure 2.21 – Impact de la concentration du coke : Profil d'essence pour le modèle à six groupes dans les cas 1 et 2

2.11 Conclusion

Le Tableau 2.18 présente les caractéristiques des différents modèles de craquage simulés.

Tableau 2.18 – Caractéristiques des modèles de craquage

Modèle de riser	Auteurs	Débit de catalyseur	Débit d'alimentation	Influence du coke régénéré
Trois groupes	(Weekman and Nace, 1970)	oui	oui	oui
Quatre groupes	(Yen et al., 1987)	oui	oui	non
	(Ahari et al., 2008)	oui	oui	non
Cinq groupes	(Ancheyta-Juarez et al., 1999)	oui	oui	non
	(Dagde and Puyate, 2012a)	oui	oui	non
Six groupes	(Ancheyta and Sotelo, 2002)	oui	oui	non
	(Dagde and Puyate, 2012b)	oui	oui	non
Sept groupes	(Xu et al., 2006)	oui	oui	oui
Huit groupes	(Wang et al., 2012)	oui	oui	oui

Les simulations que nous avons menées nous ont permis de mettre en évidence le fait que que la concentration de coke sur le catalyseur régénéré influence fortement le comportement des réactions de craquage et donc le fonctionnement du FCC.

La non prise en compte par certains modèles tels que celui de (Yen et al., 1987) de la quantité de coke restant sur le catalyseur régénéré dans la fonction de désactivation du coke ne permet pas d'apprécier le comportement réel du riser dans la prédiction des produits attendus. En effet, dans le cas où nous serions dans un fonctionnement en combustion partielle, il restera du coke sur la surface du catalyseur et donc les modèles de fonction de désactivation qui n'en tiennent pas compte ne traduisent pas son influence pour les prédictions des produits attendus du riser ce qui serait nécessaire car cette influence pourrait ne pas être négligeable si le coke n'est pas suffisamment brûlé dans le régénérateur Cette non prise en compte pourrait impacter fortement les prédictions après un temps supérieur à plusieurs fois le temps de séjour du catalyseur dans le régénérateur qui est le temps de séjour dominant du FCC. Il serait donc nécessaire de prendre en compte le coke restant sur le catalyseur régénéré entrant dans le riser en faisant dépendre la fonction de désactivation du catalyseur de sa fraction massique.

Chapitre 3

Généralités sur la Commande Prédictive Basée sur le Modèle

> Lorsque tu ne sais pas où tu vas, regarde d'où tu viens
>
> Proverbe Africain

3.1 Introduction

Les outils de l'automatique ont pour but de satisfaire aux exigences d'un cahier de charge donné. Ce cahier de charge peut consister en une poursuite de consigne ou une régulation et pour cela des outils comme le PID, IMC pour les systèmes SISO, les régulateurs LQR pour les systèmes MIMO, ont fait leurs preuves et continuent à donner satisfaction dans certaines situations. Mais quand il s'agit non seulement de suivre une consigne mais aussi de tenir compte de certaines contraintes telles que les plages autorisées de variation des variables d'entrée et de sortie, et d'autres contraintes qui peuvent s'imposer au fonctionnement du procédé par rapport au respect de l'environnement telle que le dégagement de CO_2, les outils de l'automatique précédemment cités trouvent rapidement leurs limites. L'un des outils de l'automatique qui peut permettre de prendre en compte les contraintes en temps réel est la commande prédictive.

La commande prédictive basée sur le modèle ne représente pas un outil en soi, mais une classe d'algorithmes qui, partant d'un modèle du procédé, permettent de maintenir les variables de commande proches de leurs consignes tout en respectant les contraintes opératoires du procédé. A chaque période d'échantillonnage, l'algorithme de commande prédictive optimise le comportement futur du procédé en déterminant la meilleure séquence des actions des variables manipulées par rapport à un objectif de performance. La première entrée de la séquence optimale est ensuite appliquée au procédé, et la totalité des calculs est refaite pour la période suivante. Les avantages de la commande prédictive sur les autres outils de l'automatique sont les suivants :

- Elle est attractive pour un personnel ayant une connaissance limitée de la commande parce que les concepts sont assez intuitifs et le réglage est relativement facile,
- Les cas de procédés multivariables sont facilement gérables,
- La compensation des retards est intrinsèquement gérée,
- Elle permet de tenir compte des contraintes sur les variables d'entrée et de sortie,

- Elle permet d'anticiper lorsque les références futures sont connues,
- Elle peut être utilisée pour commander des procédés variés partant de ceux qui ont des dynamiques relativement simples à ceux intégrant des dynamiques plus complexes.
- C'est une méthodologie ouverte, basée sur certains principes de base tels que l'horizon de prédiction, la période d'échantillonnage, la minimisation d'un critère, qui permettent des extensions futures.

3.1.1 Historique de la Commande Prédictive basée sur le Modèle

L'idée de la commande prédictive se trouve déjà dans l'ouvrage fondateur de la commande optimale de (Bellman, 1957), l'étude de la stabilité d'une telle loi de commande en boucle fermée remonte quant à elle à Kalman en 1960 qui note que l'optimalité n'implique pas la stabilité (Kalman, 1960).

Historiquement, la commande prédictive basée sur le modèle a été mise en œuvre industriellement par (Richalet et al., 1978) (Adersa) comme commande algorithmique basée sur le modèle (MAC) à travers IDCOM (Identification-COMmand) où l'accent était mis sur le rôle-clef du calcul numérique et de la modélisation. Le formalisme alors retenu permettait de considérer les systèmes linéaires comme des filtres à réponse impulsionnelle, les coûts considérés étant quadratiques, la partie estimation reposant sur une approche de type moindres carrés.

Peu de temps après, Dynamic Matrix Control (DMC) a été publié (Cutler and Ramaker, 1979) et implanté à Shell comme algorithme multivariable de commande par ordinateur ; de nombreuses idées de IDCOM sont reprises dans la (DMC) mais les systèmes ici sont représentés par leur réponse indicielle. Dans ces deux approches, le modèle était de type boîte noire, l'objectif était de suivre une référence mais les contraintes n'étaient pas prises en compte. (Garcia and Morshedi, 1986) donne une description détaillée de l'algorithme Quadratic Dynamic Matrix Control (QDMC) qui permet d'implémenter directement les contraintes d'entrée et de sortie en résolvant un problème d'optimisation quadratique.

De nombreux travaux de synthèse ont été consacrés à l'évolution de la commande prédictive basée sur le modèle (Holkar and Waghmare, 1989). On peut citer les travaux de (Garcia et al., 1989) (Morari and Lee, 1991), (Muske and Rawlings, 1993), (Rawlings et al., 1993), (Mayne, 1997) ,(Lee and Cooley, 1997) qui ont fait l'état de l'art concernant la théorie de MPC. (Soeterboek, 1992) compare à travers une approche unifiée différents types de schémas d'algorithmes de MPC comme Dynamic Matrix Control (DMC) (Cutler and Ramaker, 1979) PCA, AC, GPC (Generalized Predictive Control) (Clark et al., 1987b), EPSAC (Extended prediction self adaptive control) (Keyser and Cauwenberghe, 1985) et Extended Horizon Adaptive Control (EHAC) (Ydstie, 1985).

3.1.2 Généralités sur la Commande Prédictive Basée sur le Modèle

Les algorithmes de commande prédictive ont des caractéristiques communes :
- L'utilisation d'un modèle pour prédire la sortie du procédé dans une fenêtre d'horizon donnée.
- Le calcul d'un ensemble de commandes minimisant une fonction objectif.
- L'horizon fuyant qui consiste à déplacer l'horizon à chaque instant vers le futur ce qui impose l'application de la première commande obtenue dans la séquence des commandes.

Les différents algorithmes de MPC ne diffèrent entre eux que dans le modèle utilisé pour représenter le procédé, les bruits et la fonction coût à minimiser. (Richalet et al., 1978) définis-

sent le cadre dans lequel il est nécessaire d'utiliser un algorithme de commande sophistiqué. Ils distinguent quatre niveaux hiérarchiques :
Niveau 0 : Commande des systèmes auxiliaires (e.g. servo-vannes). A ce niveau, les contrôleurs PID sont assez efficaces.
Niveau 1 : Commande dynamique d'un procédé multivariable perturbé par des perturbations d'état et structurelles non mesurables.
Niveau 2 : Optimisation des consignes avec la minimisation des fonctions de coût assurant la qualité et la quantité de la production
Niveau 3 : Ordonnancement temporel de la production (planification-recherche opérationnelle).

Les bénéfices économiques du niveau 0 et 1 sont souvent en pratique négligeables. Par contre, l'optimisation du niveau 2 peut apporter des améliorations substantielles dans l'économie du système. (Qin and Badgwell., 2003) définissent les objectifs généraux de la commande prédictive par ordre décroissant :

1. Eviter la violation des contraintes d'entrée et de sortie,
2. Amener les variables manipulées vers leurs valeurs stationnaires optimales (optimisation dynamique par rapport aux entrées),
3. Amener les variables commandées vers leurs valeurs stationnaires optimales en prenant en compte les degrés de libertés restants (optimisation dynamique par rapport aux sorties),
4. Eviter les variations excessives des variables manipulées,
5. Lorsque les signaux et les actionneurs sont en défaut, commander une aussi grande partie du procédé que possible.

L'organigramme proposé par (Qin and Badgwell., 2003) pour l'implémentation d'une commande MPC se présente de la façon suivante :
- Lire les variables manipulées, les perturbations et les variables commandées du procédé à l'instant k,
- Mettre à jour les sorties au moyen de boucles de rétroaction. A ce niveau, le contrôleur utilise les mesures disponibles afin d'estimer l'état dynamique du système. On définit un écart entre la sortie courante mesurée et la sortie prédite :

$$b_m = y_k^m - \hat{y}_k$$

et on ajoute ce biais au modèle pour être utilisé dans les prédictions futures

$$\hat{y}_{k+j} = g(x_{k+j}) + b_k$$

cela permet d'éliminer l'écart stationnaire. Cette forme de rétroaction revient à supposer qu'une perturbation de type indiciel influence la sortie et demeure constante pour tout le futur (Morari and Lee, 1991),
- Déterminer les sous-procédés commandés ou quelles entrées doivent être manipulées et quelles sorties doivent être commandées,
- Enlever le mauvais conditionnement mesuré,
- Réaliser une optimisation locale à l'état stationnaire,
- Réaliser une optimisation dynamique,

- Transmettre les variables manipulées au procédé.

La figure 3.1 représente un schéma de principe d'implantation de la commande prédictive. On peut remarquer l'analogie forte avec la commande par modèle interne (Corriou, 2012). D'autre part, les variables y^{ref} et y_m de cette figure sont des variables d'écart.

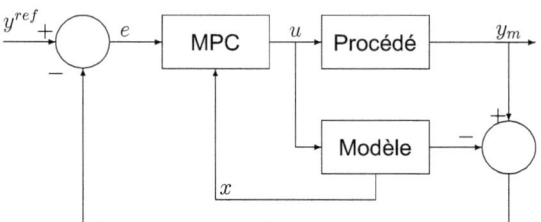

Figure 3.1 – Schéma de l'implémentation de MPC

La figure 3.2 représente les notions d'horizon de prédiction et de commande pour la commande prédictive. On y remarque que $\Delta u(k+i) = 0$ pour $i \geq H_c$.

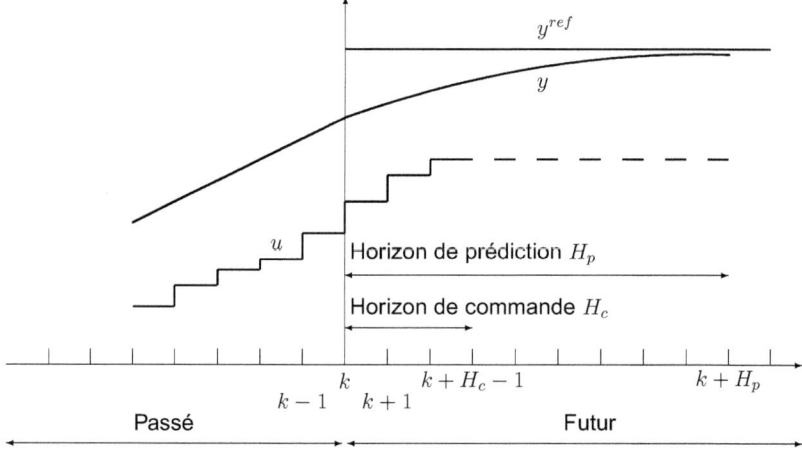

Figure 3.2 – Principe de la commande prédictive

3.1.3 Application de la commande prédictive dans l'industrie

La commande prédictive est l'une des commandes avancées les plus utilisées de nos jours dans l'industrie. Cet engouement est dû à sa facilité de mise en œuvre et à ses qualités techniques. Elle permet de résoudre des problèmes inaccessibles au PID comme la commande des systèmes présentant des retard importants, des contraintes fortes au niveau des variables et aussi elle s'applique à tous les types d'industrie : la pharmacie, la chimie, la sidérurgie , la pétrochimie, l'aéronautique, etc. Selon (Qin and Badgwell., 2003) plus de 4000 applications au moins étaient recensées en 2003. Le tableau 3.1 résume les domaines d'applications pour le MPC linéaire. On peut constater que les applications de la commande prédictive linéaire aux domaines du raffinage et pétrochimique sont les plus nombreuses.

Tableau 3.1 – Applications industrielles de la commande prédictive linéaire (Qin and Badgwell., 2003)

Area	Aspen Technology	Honeywell	Adersa	Invensys	Total
Raffinage	1200	480	280	25	1985
Pétrochimie	450	80	-	20	550
Chimie	100	20	3	21	144
Papier	18	50	-	-	68
Air et gaz	-	10	-	-	10
Métallurgie	8	6	7	16	37
Alimentaire	-	-	41	10	51
Polymère	17	-	-	-	17
Cuisson	-	-	42	3	45
Aérospatial	-	-	13	-	13
Automobile	-	-	7	-	7
Autres	40	40	1045	26	1151

Le tableau 3.2 résume les applications industrielles de la commande prédictive non linéaire. Le nombre d'applications de la commande prédictive non linéaire est manifestement très réduit par rapport au nombre d'applications de la commande prédictive linéaire.

Tableau 3.2 – Applications industrielles de la commande prédictive non linéaire (Qin and Badgwell., 2003)

Area	Adersa	Aspen Tchnology	Continental Control	DOT Product	Pavillon Technology	Total
Raffinage					13	13
Chimie	2		15		5	22
Papier					1	1
Air et gaz			18			18
Alimentaire	-				9	9
Polymère		1		5	15	21
Autres	1	5	3			9

3.2 Commande Prédictive Basée sur le Modèle

3.2.1 Commande DMC pour un système SISO

Dans ce système SISO (simple entrée, simple sortie), nous supposons qu'il n'existe pas de perturbations mesurées mais il existe des perturbations non mesurées et non modélisées d. Nous pouvons schématiser ce système selon la Figure (3.3).

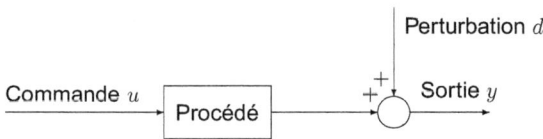

Figure 3.3 – Commande en boucle ouverte avec perturbation

Les équations de la commande prédictive seront présentées à travers l'algorithme de la DMC (Dynamic Matrix Control) qui a été proposé par (Cutler and Ramaker, 1979) de Shell Oil. C'est un algorithme de commande multivariable sans contraintes. La présentation qui suit est tirée en grande partie de (Corriou, 2003).

L'objectif de la DMC est d'amener la sortie à se rapprocher de la consigne au sens des moindres carrés. L'un des inconvénients de la DMC est qu'elle n'est utilisable que pour des procédés stables sans intégrateur. Cet inconvénient est dû au fait que seuls les M premiers coefficients de la réponse indicielle sont pris en compte pour modéliser le procédé. Dans la Figure 3.3, nous avons deux types d'entrées : la variable manipulée u dont l'effet sur la sortie est décrit par P, les perturbations non mesurées et non modélisées représentées par d. Ainsi, un système monovariable est représenté par son modèle de réponse indicielle tronqué :

$$y(j+1) = y_{ss} + \sum_{i=1}^{M} h_i \Delta u(j+1-i) + d(j+1) \qquad (3.1)$$

où h_i sont les coefficients de réponse indicielle unitaire au i^{eme} instant, y_{ss} est la sortie initiale stationnaire avant l'application de la commande, elle est aussi appelée encore la réponse libre du système (ici, y n'est pas une variable d'écart) et d représente les facteurs non modélisés et non mesurés affectant les sorties. D'autre part $\Delta u(k) = u(k) - u(k-1)$. M est le nombre de périodes d'échantillonnage nécessaire pour atteindre l'état stationnaire et est appelé horizon du modèle ou nombre de troncature (ainsi $h_i = h_M$ si $i \geq M$)

Les coefficients de la réponse indicielle h_i sont liés aux coefficients de la réponse impulsionnelle $\overline{g_i}$ par les relations :

$$\overline{g_i} = h_i - h_{i-1} \qquad \text{et :} \qquad h_i = \sum_{j=1}^{i} \overline{g_j} \qquad (3.2)$$

Comme dans IDCOM-M développé par la société Set Point, le modèle tronqué de réponse

Commande Prédictive d'un FCC

impulsionnelle résultant est :

$$y(j+1) = y_{ss} + \sum_{i=1}^{M} \overline{g_i} u(j+1-i) + d(j+1) \tag{3.3}$$

En considérant un horizon de prédiction H_p et la consigne y^{ref}, l'objectif est de calculer les entrées futures de telle manière que les sorties futures soient proches de la consigne. Donc, à l'instant $k+1$, la prédiction de sortie basée sur les entrées passées et futures est décomposée selon :

$$\hat{y}(k+l|k) = y_{ss} + \underbrace{\sum_{i=l+1}^{M} h_i \Delta u(k+l-i)}_{\text{effet des entrées passées}} + \underbrace{\sum_{i=1}^{l} h_i \Delta u(k+l-i)}_{\text{effet des entrées futures}} + \underbrace{\hat{d}(k+l|k)}_{\text{effet des perturbations prédites}} \tag{3.4}$$

A chaque instant k, seules H_c variations des entrées futures sont calculées d'où :

$$\Delta u(j) = 0 \quad \forall j \geq k + H_c \tag{3.5}$$

ainsi au-delà de l'horizon de commande H_c, i.e. à partir de l'instant $k + H_c$, l'entrée manipulée est supposée constante. D'après l'équation 3.4, on définit $y^*(k+l|k)$ comme la prédiction de sortie correspondant à l'influence des variations des entrées passées égale à :

$$y^*(k+l|k) = y_{ss} + \sum_{i=l+1}^{M} h_i \Delta u(k+l-i) \tag{3.6}$$

Sur un horizon de prédiction donné H_p, et en supposant $M > H_c$, le vecteur des prédictions de sortie peut être décomposé comme :

$$\begin{aligned}
\hat{y}(k+1|k) &= h_1\Delta u(k) + y_{ss} + h_2\Delta u(k-1) + \cdots + h_M\Delta u(k-M+1) \\
&\quad + \hat{d}(k+1|k) \\
&= h_1\Delta u(k) + y^*(k+1|k) + \hat{d}(k+1|k) \\
\hat{y}(k+2|k) &= h_1\Delta u(k+1) + h_2\Delta u(k) + y_{ss} + h_3\Delta u(k-1) + \cdots \\
&\quad + h_M\Delta u(k-M+2) + \hat{d}(k+2|k) \\
&= \Delta u(k+1) + h_2\Delta u(k) + y^*(k+2|k) + \hat{d}(k+2|k) \\
&\vdots \\
\hat{y}(k+H_c|k) &= h_2\Delta u(k+H_c-1) + h_2\Delta u(k+H_c-2) + \cdots + h_{H_c}\Delta u(k) \\
&\quad + y_{ss} + h_{H_c+1}\Delta u(k-1) + \cdots + h_M\Delta u(k+H_c-M) + \hat{d}(k+H_c|k) \\
&= h_1\Delta u(k+H_c-1) + \cdots + h_{H_c}\Delta u(k) + y^*(k+H_c|k) + \hat{d}(k+H_c|k) \\
\hat{y}(k+H_c+1|k) &= h_2\Delta u(k+H_c-1) + \cdots + h_{H_c+1}\Delta u(k) \\
&\quad + y^*(k+H_c+1|k) + \hat{d}(k+H_c+1|k) \\
&\vdots \\
\hat{y}(k+M|k) &= h_{M-H_c+1}\Delta u(k+H_c-1) + \cdots + h_M\Delta u(k) \\
&\quad + y^*(k+M|k) + \hat{d}(k+M|k) \\
\hat{y}(k+M+1|k) &= h_{M-H_c+2}\Delta u(k+Hc-1) + \cdots + h_M\Delta u(k+1) + h_M\Delta u(k) \\
&\vdots \\
\hat{y}(k+H_p|k) &= h_M\Delta u(k+H_c-1) + \cdots + h_M\Delta u(k) \\
&\quad + y^*(k+H_p|k) + \hat{d}(k+H_p|k) \\
&oi \quad H_p \geq H_c + M - 1
\end{aligned} \qquad (3.7)$$

d'où :

$$\begin{bmatrix} \hat{y}(k+1|k) \\ \vdots \\ \hat{y}(k+H_p|k) \end{bmatrix} = \begin{bmatrix} y^*(k+1|k) \\ \vdots \\ y^*(k+H_p|k) \end{bmatrix} + \mathcal{A} \begin{bmatrix} \Delta u(k) \\ \vdots \\ \Delta u(k+H_c-1) \end{bmatrix} + \begin{bmatrix} \hat{d}(k+1|k) \\ \vdots \\ \hat{d}(k+H_p|k) \end{bmatrix} \qquad (3.8)$$

où A est la matrice de dimension $H_p \times H_c$ (appelée Matrice Dynamique de Commande) du système égale à :

$$\mathcal{A} = \begin{bmatrix} h_1 & 0 & \ldots 0 \\ h_2 & h_1 & \vdots \\ \vdots & \vdots & \ddots \\ h_M & h_{H_c-1} & \ldots h_1 \\ \vdots & \vdots & \vdots \\ h_M & h_{M-1} & \ldots h_{M-H_c+1} \\ \vdots & \vdots & \vdots \\ h_M & h_M & \ldots h_M \\ \vdots & \vdots & \vdots \\ h_M & h_M & \ldots h_M \end{bmatrix} \quad (3.9)$$

L'équation (3.8) montre donc l'influence des entrées futures.

Le vecteur des prédictions de sortie $y^*(k+l|k)$ correspondant à l'influence des variations des entrées passées peut être lui-même calculé (en supposant $H_p \geq M$) selon :

$$\begin{bmatrix} y^*(k+1|k) \\ \vdots \\ y^*(k+M-1|k) \\ y^*(k+M|k) \\ \vdots \\ y^*(k+H_p|k) \end{bmatrix} = \begin{bmatrix} y_{ss} \\ \vdots \\ y_{ss} \end{bmatrix} + \begin{bmatrix} h_M & h_{M-1} & \ldots h_2 \\ 0 & h_M & \vdots \\ \vdots & \vdots & \ddots \\ 0 & 0 & \ldots h_M \\ 0 & 0 & \ldots 0 \\ \vdots & \vdots & \vdots \\ 0 & 0 & \ldots 0 \end{bmatrix} \begin{bmatrix} \Delta u(k-M+1) \\ \vdots \\ \Delta u(k-1) \end{bmatrix} \quad (3.10)$$

La combinaison des équations (3.1) pour $j = k-1$ et (3.4) pour $l = 0$ donne l'influence des effets non modélisés :

$$d(k) = y(k) - y^*(k|k) \quad (3.11)$$

par conséquent, en se basant sur la sortie mesurée $y^m(k)$, l'estimation de $d(k)$ est donnée par :

$$\hat{d}(k+l|k) = \hat{d}(k|k) = y^m(k) - y^*(k|k) = y^m(k) - y_{ss} - \sum_{i=1}^{M} h_i \Delta u(k-i) \quad \forall l = 1, \ldots, H_p \quad (3.12)$$

donc les perturbations prédites sont toutes égales à la perturbation actuelle estimée.

Définissons un critère quadratique prenant en compte la différence entre la sortie estimée et la référence sur l'horizon de prédiction selon :

$$J = \sum_{i=1}^{H_p} (\hat{y}(k+i|k) - y^{ref}(k+i))^2 \quad (3.13)$$

D'après les équations précédentes, cela revient à calculer le vecteur des variations des entrées futures :

$$\Delta \boldsymbol{u}(k) = [\Delta u(k) \ldots \Delta u(k+H_c-1)]^T \quad (3.14)$$

qui est la solution au sens des moindres carrés du système linéaire suivant résultant de l'équation (3.8) :

$$\begin{bmatrix} y^{ref}(k+1) - y^*(k+1|k) - \hat{d}(k|k) = e(k+1) \\ \vdots \\ y^{ref}(k+H_p) - y^*(k+H_p|k) - \hat{d}(k|k) = e(k+H_p) \end{bmatrix} = e(k+1) = \mathcal{A}\Delta \boldsymbol{u}(k) \quad (3.15)$$

La solution au sens des moindres carrés de (3.15) est :

$$\Delta \boldsymbol{u}(k) = (\mathcal{A}^T \mathcal{A})^{-1} \mathcal{A}^T e(k+1) \quad (3.16)$$

Seule la première variation du vecteur d'entrée (3.14) égal à (3.16) est implantée réellement. Selon (Garcia and Morshedi, 1986), le choix de l'horizon de prédiction H_p tel que : $H_p = H_c + M$ fournit en général un régulateur stable. (Garcia et al., 1989), stipulent simplement que pour H_c suffisamment petit et pour H_p suffisamment grand tel que $H_p > H_c + M - 1$, le système en boucle fermée est stable. La loi de commande (3.16) fournit une action de commande trop forte et est améliorée par la suite par introduction des termes de pondération. Cependant, (Li et al., 1989) supposent que $M \geq H_p$ et (Camacho and Bordons, 1998) choisit $M \gg H_p$. (Soeterboek, 1992) montre que l'horizon de prédiction doit être choisi plus grand lorsque les contraintes sont présentes.

3.2.2 Commande DMC pour un système MIMO

L'extension de la commande prédictive d'un système à une entrée et une sortie (SISO) à un système multivariable (MIMO) se réalise simplement. D'une manière générale, un système multivariable (n_u entrées, n_y sorties) se représente par :

$$\boldsymbol{y}(k+1) = \boldsymbol{y}_0 + \sum_{i=1}^{M} \boldsymbol{a}_i \Delta \boldsymbol{u}(k-i+1) + \boldsymbol{d}(k+1) \quad (3.17)$$

où $\boldsymbol{a}_i$ est une matrice $n_y \times n_u$ de coefficients de la réponse indicielle unitaire au i^{eme} instant, $\boldsymbol{y}_0$ est le vecteur de sortie initial et $\boldsymbol{d}$ représente les facteurs non modélisés affectant les sorties.

Une paire entrée-sortie $i - j$ quelconque peut être représentée par une matrice $\mathcal{A}_{ij}$ de coefficients h en tous points semblable à l'équation (3.9) si bien que le système complet est finalement représenté par une matrice dynamique multivariable composée de matrices élémentaires $\mathcal{A}_{ij}$ telle que :

$$\mathcal{A} = \begin{bmatrix} \mathcal{A}_{11} & \ldots & \mathcal{A}_{1n_u} \\ \vdots & & \vdots \\ \mathcal{A}_{n_y 1} & \ldots & \mathcal{A}_{n_y n_u} \end{bmatrix} \quad (3.18)$$

Pour un système 2×2, la représentation du système équivalent à l'équation (3.17) serait :

$$\begin{bmatrix} \hat{y}_1(k+1|k) \\ \vdots \\ \hat{y}_1(k+H_p|k) \end{bmatrix} = \begin{bmatrix} y_1^*(k+1|k) \\ \vdots \\ y_1^*(k+H_p|k) \end{bmatrix} + \begin{bmatrix} \hat{d}_1(k+1|k) \\ \vdots \\ \hat{d}_1(k+H_p|k) \end{bmatrix}$$

$$+ \mathcal{A}_{11} \begin{bmatrix} \Delta u_1(k) \\ \vdots \\ \Delta u_1(k+H_c-1) \end{bmatrix} + \mathcal{A}_{12} \begin{bmatrix} \Delta u_2(k) \\ \vdots \\ \Delta u_2(k+H_c-1) \end{bmatrix}$$

$$\begin{bmatrix} \hat{y}_2(k+1|k) \\ \vdots \\ \hat{y}_2(k+H_p|k) \end{bmatrix} = \begin{bmatrix} y_2^*(k+1|k) \\ \vdots \\ y_2^*(k+H_p|k) \end{bmatrix} + \begin{bmatrix} \hat{d}_2(k+1|k) \\ \vdots \\ \hat{d}_2(k+H_p|k) \end{bmatrix}$$

$$+ \mathcal{A}_{21} \begin{bmatrix} \Delta u_1(k) \\ \vdots \\ \Delta u_1(k+H_c-1) \end{bmatrix} + \mathcal{A}_{22} \begin{bmatrix} \Delta u_2(k) \\ \vdots \\ \Delta u_2(k+H_c-1) \end{bmatrix}$$

ou finalement :

$$\begin{bmatrix} \hat{y}_1(k+1|k) \\ \vdots \\ \hat{y}_1(k+H_p|k) \\ \hat{y}_2(k+1|k) \\ \vdots \\ \hat{y}_2(k+H_p|k) \end{bmatrix} = \begin{bmatrix} y_1^*(k+1|k) \\ \vdots \\ y_1^*(k+H_p|k) \\ y_2^*(k+1|k) \\ \vdots \\ y_2^*(k+H_p|k) \end{bmatrix} + \begin{bmatrix} \hat{d}_1(k+1|k) \\ \vdots \\ \hat{d}_1(k+H_p|k) \\ \hat{d}_2(k+1|k) \\ \vdots \\ \hat{d}_2(k+H_p|k) \end{bmatrix} + \begin{bmatrix} \mathcal{A}_{11} & \mathcal{A}_{12} \\ \mathcal{A}_{21} & \mathcal{A}_{22} \end{bmatrix} \begin{bmatrix} \Delta u_1(k) \\ \vdots \\ \Delta u_1(k+H_c-1) \\ \Delta u_2(k) \\ \vdots \\ \Delta u_2(k+H_c-1) \end{bmatrix} \quad (3.19)$$

Définissons le vecteur des variations des entrées futures comme dans (3.14)

$$\Delta \boldsymbol{u}(k) = [\Delta \boldsymbol{u}_1(k)^T \ldots \Delta \boldsymbol{u}_{n_u}(k)^T]^T \quad (3.20)$$

et également le vecteur des écarts :

$$\boldsymbol{e}(k+1) = [\boldsymbol{e}_1(k+1)^T \ldots \boldsymbol{e}_{n_y}(k+1)^T]^T \quad (3.21)$$

La solution au sens des moindres carrés du régulateur multivariable DMC est également donnée par (3.16). A nouveau, (Garcia and Morshedi, 1986) recommande le choix $H_p = H_c + M$ pour obtenir un régulateur stable. Une grande valeur de l'horizon de prédiction H_p améliore la stabilité même si elle n'améliore pas significativement la performance (Shridar and Cooper, 1998). L'horizon de commande H_c devrait être choisi plus grand que 1.

Certaines variations des entrées peuvent être supprimées en formulant la DMC multivariable selon :

$$\begin{bmatrix} \boldsymbol{e}(k+1) \\ 0 \end{bmatrix} = \begin{bmatrix} \mathcal{A} \\ \Lambda \end{bmatrix} \Delta \boldsymbol{u}(k) \quad (3.22)$$

où Λ est une matrice diagonale égale à :

$$\Lambda = \text{diag}(\underbrace{\lambda_1 \ldots \lambda_1}_{H_c \text{ valeurs}} \quad \lambda_2 \ldots \lambda_2 \ldots \lambda_{n_u} \ldots \lambda_{n_u}) \tag{3.23}$$

Il est également possible de pondérer sélectivement les variables commandées en multipliant les équations telles que (3.15). La matrice des poids est alors :

$$\Gamma = \text{diag}(\underbrace{\gamma_1 \ldots \gamma_1}_{H_p \text{ valeurs}} \quad \gamma_2 \ldots \gamma_2 \ldots \gamma_{n_u} \ldots \gamma_{n_u}) \tag{3.24}$$

La matrice Γ définie dans (3.24) pour la pondération sélective des variables commandées et la matrice Λ définie dans (3.23) pour la suppression de certaines variations des entrées sont alors incorporées dans le critère. Le critère quadratique suivant à minimiser par rapport à $\Delta u(k)$ en résulte :

$$\begin{aligned}J &= \frac{1}{2}[\hat{\boldsymbol{y}}(k) - \boldsymbol{y}^{ref}(k)]^T \Gamma^T \Gamma [\hat{\boldsymbol{y}}(k) - \boldsymbol{y}^{ref}(k)] + \frac{1}{2}\Delta \boldsymbol{u}^T(k) \Lambda^T \Lambda \Delta \boldsymbol{u}(k) \\ &= \frac{1}{2}[\mathcal{A}\Delta \boldsymbol{u}(k) - e(k+1)]^T \Gamma^T \Gamma [\mathcal{A}\Delta \boldsymbol{u}(k) - e(k+1)] + \frac{1}{2}\Delta \boldsymbol{u}^T(k) \Lambda^T \Lambda \Delta \boldsymbol{u}(k)\end{aligned} \tag{3.25}$$

En absence de contraintes, la solution de (3.25) est :

$$\Delta \boldsymbol{u}(k) = \left(\mathcal{A}^T \Gamma^T \Gamma \mathcal{A} + \Lambda^T \Lambda\right)^{-1} \mathcal{A}^T \Gamma^T \Gamma e(k+1) \tag{3.26}$$

A nouveau, la loi de commande de DMC en absence de contraintes fournie par l'équation (3.26) est semblable à la loi de la commande prédictive généralisée exposée dans (Corriou, 2003).

(Shridar and Cooper, 1998) proposent une stratégie de réglage pour la DMC multivariable non contrainte. Ils notent que l'horizon de prédiction H_p doit être en accord avec le temps de réponse du procédé. De plus, l'augmentation de l'horizon de commande H_c de 2 à 6 ne modifie pas beaucoup la performance en boucle fermée, mais il devrait être supérieur ou égal au nombre de modes instables du système (Rawlings and Muske, 1993).

3.2.3 Commande QDMC matricielle dynamique quadratique

La Commande matricielle dynamique quadratique (QDMC) est une amélioration significative de la DMC basée sur la programmation quadratique. En 1983, une dizaine d'années après la DMC, les ingénieurs de Shell (Cutler and Ramaker, 1979) ont amélioré à nouveau l'algorithme DMC en prenant en compte les contraintes sur les entrées et sur les sorties de manière explicite ce qui n'était pas satisfaisant dans la DMC d'origine. (Garcia and Morshedi, 1986). Différents types de contraintes sont couramment rencontrées dans les procédés :
- Les contraintes affectant les variables manipulées : il s'agit des limites dures imposées sur les entrées $u(k)$ pour gérer par exemple les contraintes de saturation des vannes :

$$u_{min} \leq u \leq u_{max} \tag{3.27}$$

- Les contraintes affectant la vitesse des variables commandées : il s'agit ici des limites dures sur les variations des variables manipulées $\Delta u(k)$,

Commande Prédictive d'un FCC

- les contraintes affectant d'autres variables qui doivent être maintenues à l'intérieur de limites,
- Les contraintes ajoutées au procédé afin d'éviter des réponses inverses provoquant un comportement à non-minimum de phase,
- Les contraintes affectant les sorties : il s'agit ici des limites dures ou douces sur les sorties du système.

Toutes ces contraintes peuvent être résumées comme un système d'inégalités linéaires incorporant l'information dynamique concernant la projection des contraintes :

$$B\Delta u(k) \leq c(k+1) \tag{3.28}$$

où B contient l'information dynamique sur les contraintes et $c(k+1)$ contient les écarts projetés des variables contraintes et leurs limites (Camacho and Bordons, 1998; Garcia and Morshedi, 1986; Soeterboek, 1992), détaillent comment représenter les cas précédemment mentionnés de contraintes ; notons que $\Delta u(k)$ contient également les prédictions des variations des entrées futures.

En présence de contraintes (3.27) et (3.28), le problème peut alors être formulé du point de vue programmation quadratique comme :

$$\min_{\Delta u(k)} \left[\frac{1}{2}\Delta u(k)^T H \Delta u(k) - g(k+1)^T \Delta u(k) \right] \tag{3.29}$$

soumis aux contraintes (3.27) et (3.28). H est la matrice hessienne (fixe en général) égale à :

$$H = \mathcal{A}^T \Gamma^T \Gamma \mathcal{A} + \Lambda^T \Lambda \tag{3.30}$$

et $g(k+1)$ est le vecteur gradient égal à :

$$g(k+1) = \mathcal{A}^T \Gamma^T \Gamma e(k+1) \tag{3.31}$$

Ce problème quadratique peut être résolu efficacement par des programmes numériques disponibles basés par exemple sur la méthode de Rosen (Soeterboek, 1992), des gradients conjugués ou de quasi-Newton (Camacho and Bordons, 1998; Fletcher, 1991).

Dans QDMC, le choix de l'intervalle de projection à contraindre est important parce que tout l'horizon H_p n'a pas nécessairement besoin d'être contraint. Une autre version de DMC appelé LDMC où le critère concerne la somme des valeurs absolues des erreurs a été développée (M.Morshedi et al., 1985). Dans ce cas, le problème d'optimisation est résolu par programmation linéaire.

3.2.4 Commande OBMPC prédictive avec observateur

Nous allons présenter les équations principales de la commande prédictive avec observateur, notée OBMPC (Corriou, 2003). Les observateurs seront présentés de manière générale et plus en détail dans le chapitre 5. OBMPC a été développé par (Lee et al., 1994a) et étendu par (Lundström et al., 1995). Dans le cas d'un système multivariable avec n_u entrées et n_y de sorties la matrice S_i est définie comme :

$$S_i = \begin{bmatrix} h_{1,1,i} & h_{1,2,i} & \ldots & h_{1,n_u,i} \\ h_{2,1,i} & h_{2,2,i} & \ldots & h_{2,n_u,i} \\ \vdots & \vdots & & \vdots \\ h_{n_y,1,i} & h_{n_y,2,i} & \ldots & h_{n_y,n_u,i} \end{bmatrix} \tag{3.32}$$

où $h_{k,l,i}$ est le coefficient à l'instant i de la sortie k correspondant à l'entrée d'échelon l.
A l'instant k, les entrées à déterminer sont $u(k)$ et les commandes futures.
Dans le cas d'absence de perturbations, le modèle d'état correspondant à la réponse indicielle peut s'écrire :

$$\begin{aligned} Y(k) &= \Phi Y(k-1) + S\Delta u(k-1) \\ y^*(k|k) &= \Psi Y(k) \end{aligned} \tag{3.33}$$

Les sorties futures sont prédites par le moyen d'un observateur d'état tel que le filtre de Kalman avec la matrice de gain K.
La fonction objectif à minimiser est :

$$J = \|\Gamma(Y(k+1|k) - R(k+1|k))\|^2 + \|\Lambda \Delta U(k|k)\|^2 \tag{3.34}$$

avec :

$$\begin{aligned} \Delta U(k|k) &= \Phi Y(k-1) + S\Delta u(k-1) \\ Y(k+1|k) &= [y_f(k+1|k)^T \ldots y_f(k+H_p|k)^T]^T \\ R(k+1|k) &= [r(k+1|k)^T \ldots r(k+H_p|k)^T]^T \end{aligned} \tag{3.35}$$

où R est la trajectoire de référence.
En absence de contrainte, la solution des moindres carrés de OBMPC peut s'exprimer comme :

$$\Delta U(k|k) = [S_{H_p}^T \Gamma^T \Gamma S_{H_p} + \Lambda^T \Lambda]^{-1} S_{H_p}^T \Gamma^T \Gamma[R(k+1|k) - \Phi_{H_p} \hat{Y}(k|k)] \tag{3.36}$$

Seul $\Delta u(k|k)$ la première composante de $\Delta U(k|k)$ est implémentée.

Filtre de Kalman

L'observateur utilisé pour la commande OBMPC est un filtre de Kalman discret (Simon, 2006), dont l'algorithme est le suivant. Soit un système dynamique stochastique décrit :

$$\begin{aligned} x_{k+1} &= A_k x_k + B_k u_k + G_k w_k \\ y_k &= C_k x_k + v_k \end{aligned} \tag{3.37}$$

où w_k et v_k sont des bruits blanc de matrices de covariance connues Q_k et R_k :

$$\begin{aligned} E[w_k w_j^T] &= Q_k \delta_{kj} \\ E[v_k v_j^T] &= R_k \delta_{kj} \\ E[v_k w_j^T] &= 0 \end{aligned} \tag{3.38}$$

Le filtre de Kalman peut être utilisé pour calculer les prédictions selon les équations :

$$\begin{aligned} \hat{x}_{k+1} &= A_k \hat{x}_k + B_k u_k + K_k(y_k - C_k \hat{x}_k) \\ \hat{y}_k &= C_k \hat{x}_k \end{aligned} \tag{3.39}$$

Commande Prédictive d'un FCC

où K_k est la matrice de gain de Kalman, y_k est la mesure réelle effectuée à l'instant k. Le filtre de Kalman est implémenté en deux étapes :
Étape de prédiction :

$$\hat{x}_{k+1|k} = A_k \hat{x}_{k|k} + B_k u_k$$
$$P_{k+1|k} = A_k P_{k|k} A_k^T + G_k Q_k G_k \qquad (3.40)$$

Étape de correction :

$$\hat{x}_{k+1|k+1} = \hat{x}_{k+1|k} + K_{k+1}(y_k + 1 - C_{k+1}\hat{x}_{k+1|k})$$
$$P_{k+1|k+1} = (I - K_{k+1}C_{k+1})P_{k+1|k}(I - K_{k+1}C_{k+1})^T + K_{k+1}R_{k+1}K_{k+1}^T \qquad (3.41)$$

Le gain optimal est
$$K_k = P_{k|k} C_k^T R_k^{-1} \qquad (3.42)$$

Filtre de Kalman et commande OBMPC

Il faut noter toutefois que l'utilisation du filtre de Kalman dans le cadre de la commande OBMPC est particulière (Corriou, 2003). D'abord, il s'agit d'un filtre discret-discret dont l'objectif est d'estimer le vecteur $Y(k+1|k)$ de l'équation (3.35) pour fournir $\hat{Y}(k+1|k)$. D'autre part, la mesure $y(k)$ sera comparée à l'estimation $\hat{y}^*(k|k-1)$. De ce fait, les équations du filtre de Kalman se décomposent en l'étape de prédiction selon :

$$\hat{Y}(k+1|k) = \Phi \hat{Y}(k|k) + S\Delta u(k) \qquad (3.43)$$

et l'étape de correction selon :

$$\hat{Y}(k|k) = \hat{Y}(k|k-1) + K[y(k) - \hat{y}^*(k|k-1)] \qquad (3.44)$$

avec :
$$\hat{y}^*(k|k-1) = \Psi \hat{Y}(k|k) \qquad (3.45)$$

3.2.5 Formulation dans l'espace d'état de MPC

(Li et al., 1989) ont proposé une première formulation de la représentation dans l'espace d'état d'une commande prédictive basée sur le modèle. (Lee et al., 1994b) ont développé une commande linéaire dans l'espace d'état dans le même sens. Dans ces articles, deux étapes sont mises en œuvre pour la prédiction du modèle à savoir : la construction d'un prédicteur de sortie et ensuite l'utilisation d'un observateur optimal d'état.

L'algorithme de la commande prédictive basée sur le modèle est de (Lee et al., 1994b) il est repris par (Lundström et al., 1995) et est dénommé "OBMPC". La commande prédictive basée sur le modèle avec observateur est largement explicitée dans (Corriou, 2003).

Considérons le système décrit par le modèle linéaire dans l'espace d'état en temps discret suivant :

$$x(k+1) = Ax(k) + Bu(k)$$
$$y(k) = Cx(k) \qquad (3.46)$$

La commande prédictive peut être vue comme un problème d'optimisation en boucle ouverte où l'on recherche la minimisation du critère J :

$$\min_u J = x(H_p)^T S_o x(H_p) + \sum_{i=0}^{H_p-1} x(i)^T Q x(i) + \sum_{i=0}^{H_c-1} u(i)^T R u(i) \quad (3.47)$$

soumis aux contraintes :

$$Ex + Fu \leq \Psi \quad (3.48)$$

H_p est l'horizon de prédiction ou de sortie, H_c est l'horizon de commande ou d'entrée. Dans le cas où les horizons de prédiction et de commande sont tous deux infinis et en absence de contraintes, la commande prédictive basée sur le modèle devient le problème classique linéaire quadratique LQ en temps discret.

Quand l'horizon de prédiction est fini, dans le cadre de la commande prédictive basée sur le modèle, ce problème devient une commande à horizon glissant car seule la première commande $u^*(0)$ de la suite optimale $u^*(i)$, $i = 1,\ldots, H_c - 1$, est implantée. Dans le cas où les deux horizons sont finis, cela devient un problème classique d'optimisation pour lequel des sous-programmes numériques disponibles existent. Cependant, il existe un certains nombres de problèmes que posent (Morari and Lee, 1999) :
- Il est possible que les contraintes rendent le problème d'optimisation impossible.
- Comme le problème d'optimisation est résolu en boucle ouverte, il peut arriver que le système en boucle fermée sorte de la région possible. Dans les algorithme commerciaux (Qin and Badgwell., 2003), les contraintes douces peuvent être violées pendant quelque temps contrairement aux contraintes dures. Elles sont pénalisées par la fonction objectif.
- Dans le cas d'un système instable, en général, le système ne peut pas être stabilisé globalement lorsqu'il existe des contraintes de saturation des entrées.

(Muske and Rawlings, 1993; Rawlings and Muske, 1993) ont résolu cette question d'absence de stabilité du régulateur prédictif à horizon fini en utilisant une pénalité sur un horizon infini bien que le nombre de variables de décision reste fini.

3.3 Commande Prédictive non Linéaire (NMPC)

La commande prédictive non linéaire est une technique de commande théoriquement robuste, car pouvant fonctionner avec des incertitudes et perturbations sans directement les prendre en compte. L'idée derrière la commande prédictive non linéaire est la même pour la commande prédictive linéaire à l'exception du fait que le modèle utilisé est non linéaire.

D'après (Allgöwer et al., 2004), les points clés de la commande prédictive non linéaire sont :
- Utilisation directe des modèles non linéaires pour la prédiction,
- Considération explicite des contraintes sur l'état et l'entrée,
- Minimisation en ligne d'une fonction coût spécifiée,
- Comportement prédit généralement différent du comportement en boucle fermée,
- Nécessité d'une solution temps réel d'un problème de contrôle optimal en boucle ouverte pour l'application,
- Pour réaliser la prédiction, les états du systèmes doivent êtres mesurés ou estimés.

La commande prédictive non linéaire a un certain nombre d'applications industrielles, ainsi le tableau 3.2 issu de (Qin and Badgwell., 2003) donne une liste non exhaustive des domaines d'utilisation de la NMPC et des entreprises impliquées dans le développement de ces algorithmes. Le tableau 3.3 donne une liste des entreprises développant la NMPC.

Commande Prédictive d'un FCC

Tableau 3.3 – Liste des entreprises développant la commande non linéaire MPC et dénominations commerciales (Qin and Badgwell., 2003)

Entreprise	Désignation du Produit	Description
Adersa	PFC	Predictive functional control
Aspen Tech	Aspen target	Non linear MPC package
Continental control Inc	MVC	Multivariable control
DOT product	NOVA- NLC	NOVA non linear controller
Pavilion Technologies	Process Perfecter	Nonlinear control

3.3.1 Formulation mathématique de la NMPC

(Allgöwer et al., 2004; Grüne and Pannek, 2011) décrivent la formulation mathématique suivante pour la commande prédictive non linéaire dont nous présentons les grandes lignes :
Etant donné la classe des systèmes continus décrits par l'équation différentielle suivante

$$\dot{x}(t) = f(x(t), u(t)), \quad x(0) = x_0, \quad (3.49)$$

soumise à des contraintes d'entrée et d'état de la forme

$$u(t) \in U, \quad \forall t \geq 0, \quad (3.50)$$
$$x(t) \in X, \quad \forall t \geq 0, \quad (3.51)$$

où $x(t) \in \mathbb{R}^n$ et $u(t) \in \mathbb{R}^m$ représentent respectivement le vecteur des états et celui des entrées. De plus l'ensemble des contraintes U est supposé compact et X l'estimation. U et X sont souvent donnés par les contraintes de la forme :

$$U := u \in \mathbb{R}^m \,|\, u_{min} \leq u \leq u_{max} \quad (3.52)$$
$$X := x \in \mathbb{R}^n \,|\, x_{min} \leq x \leq x_{max} \quad (3.53)$$

avec les vecteurs constants u_{min}, u_{max} et x_{min}, x_{max}.

Dans la commande prédictive non linéaire, la commande appliquée à l'entrée est souvent obtenue par la résolution du problème de commande optimale en boucle ouverte à horizon fini suivant, qui est une estimation résolue à chaque instant d'échantillonnage :
Le problème posé est le suivant :

$$\min_{\bar{u}(\cdot)} J(x(t), \bar{u}(\cdot)) = \int_t^{t+T_p} F(\bar{x}(\tau), \bar{u}(\tau))d\tau$$

soumis à :

$$\begin{aligned} \dot{\bar{x}}(\tau) &= f(\bar{x}(\tau), \bar{u}(\tau)), & \bar{x}(t) &= x(t) \\ \bar{u}(\tau) &\in U, & \forall \tau &\in [t, t+T_c] \\ \bar{u}(\tau) &= \bar{u}(t+T_c), & \forall \tau &\in [t+T_c, t+T_p] \\ \bar{x}(\tau) &\in X, & \forall \tau &\in [t, t+T_p] \end{aligned} \quad (3.54)$$

T_p et T_c représentent respectivement l'horizon de prédiction et l'horizon de commande. avec $T_c \leq T_p$

La fonctionnelle J est définie en termes du coût du niveau F qui spécifie la performance. Ce coût de niveau peut provenir de considérations économiques ou mêmes écologiques.

La solution optimale du problème posé se note $\bar{u}^*(\cdot;x(t)) : [t, t+T_p] \to U$. Le problème de commande optimale en boucle ouverte est résolu à chaque instant d'échantillonnage $t_j = j\delta, j = 0, 1, \cdots$, et la commande appliquée à l'entrée du système est donnée par la séquence des solutions optimales du problème posé à savoir :

$$u(t) := \bar{u}^*(t; x(t_j))$$

où t_j est l'instant d'échantillonnage le plus proche de t avec $t_j \leq t$. Ainsi, le système en boucle fermée nominal est donné par :

$$\dot{x} = f(x(t), \bar{u}^*(t; x(t_j))) \tag{3.55}$$

Le coût optimal du problème posé comme fonction de l'état est appelé fonction de valeur V et est donné par :

$$V(x) = J(x, \bar{u}^*(\cdot;x)) \tag{3.56}$$

3.3.2 Commande dynamique matricielle non linéaire

La commande dynamique matricielle non linéaire consiste à linéariser un procédé non linéaire autour d'un point de fonctionnement variable pour appliquer la commande prédictive linéaire. Cet algorithme proposé par (Gattu and Zafiriou, 1995) peut être utilisé avec des modèles entrée/sortie non linéaires et des modèles dans l'espace d'état.

Soit le modèle non linéaire suivant :

$$\begin{aligned}\dot{x}(t) &= f(x(t), u(t)) \\ y(x) &= h(x(t), u(t))\end{aligned} \tag{3.57}$$

L'algorithme est le suivant :
- Linéarisation du modèle continu non linéaire autour de $[\hat{x}(k), u(k-1)]$ pour obtenir le système linéaire continu :

$$\begin{aligned}\dot{\hat{x}}(k|k-1) &= A_k\,\hat{x}(k|k-1) + B_k\,u(k-1) \\ y(x) &= C_k\,x(k|k-1) + D_k\,u(k-1)\end{aligned} \tag{3.58}$$

avec

$$A_k = \left(\frac{\partial f}{\partial x}\right)_{x,u}, \quad B_k = \left(\frac{\partial f}{\partial u}\right)_{x,u} \tag{3.59}$$

$$C_k = \left(\frac{\partial f}{\partial x}\right)_{x,u}, \quad D_k = \left(\frac{\partial f}{\partial u}\right)_{x,u} \tag{3.60}$$

- Discrétisation du modèle linéarisé (3.58) suivant :

$$\begin{aligned}\hat{x}_{k+1} &= \Phi_k \hat{x}_k + \Gamma_k\,u_k \\ y_k &= C_k\,x_k + D_k\,u_k\end{aligned} \tag{3.61}$$

- Calcul des matrices $S_{i,k}$ de coefficients de la réponse indicielle :

$$S_{i,k} = \sum_{j=1}^{i} C_k \, \Phi_k^{j-1} \, \Gamma_k \quad (i = 1, \ldots, H_p) \tag{3.62}$$

$S_{i,k}$ est de dimension $n_o \times n_i$ où n_o est le nombre de sorties et n_i est le nombre d'entrées. Les coefficient de la réponse indicielle peuvent aussi être obtenus par intégration numérique du modèle non linéaire sur H_p périodes d'échantillonnage avec les conditions initiales $x = 0$ et $u = 0$. La variation des sorties prédites due aux variations à $k + l$ est représentée par :

$$\Delta \hat{y}(k+l|k-1) = \sum_{j=1}^{i} S_{i,k} \Delta u(k+l-i) \quad (l = 1, \ldots, H_p) \tag{3.63}$$

- Calcul du gain K_k du filtre de Kalman linéaire discret :

$$K_k = P_k C_k^T [C_k P_k C_k^T + R_k]^{-1} \tag{3.64}$$

- Prédiction des variations des entrées passées.
- Calcul de la sortie prédite en considérant l'influence des variations des entrées passées et futures et aussi les perturbations estimées.

$$\hat{y}(k+l|k-1) = y^*(k+l|k-1) + \sum_{j=1}^{i} S_{i,k} \Delta u(k+l-i) + d(k|k) \quad (l = 1, \ldots, H_p) \tag{3.65}$$

- Optimisation par minimisation du critère quadratique en prenant en compte les sorties prédites $\hat{y}$ sur l'horizon de prédiction de $k+1$ jusqu'à $k+H_p$, tandis que les variations des entrées Δu sont considérées sur l'horizon de commande de k à H_c.
- Implantation de cette première variation de l'entrée $\Delta u(k)$.
- Mise à jour du vecteur d'état par intégration sur une période d'échantillonnage du système non linéaire dans l'espace d'état, puis correction du résultat de l'intégration en ajoutant $K_k d$ pour obtenir $x^*(k+1|k)$.

3.4 Synthèse des techniques d'implémentation des algorithmes de la NMPC

La résolution exacte du problème d'optimisation à chaque période d'échantillonnage est très lourde en calcul. Des algorithmes permettant de réduire la complexité du problème d'optimisation sont apparus. Nous en donnerons une description brève.

3.4.1 MPC avec optimisation non linéaire

La figure 3.4 présente le schéma d'implémentation de l'algorithme de NMPC avec optimisation non linéaire (Henson, 1998; Manenti, 2011; Tatjewski, 2007). Cette commande suppose une résolution d'un problème d'optimisation à chaque instant d'échantillonnage par une procédure adéquate de résolution comme par exemple NLPQL. Vu la complexité en terme de temps de calcul et le fait que les minima trouvés sont généralement locaux, ce type d'approche a des applications limitées. Elle est recommandée pour des procédés fortement non linéaires à dynamiques lentes.

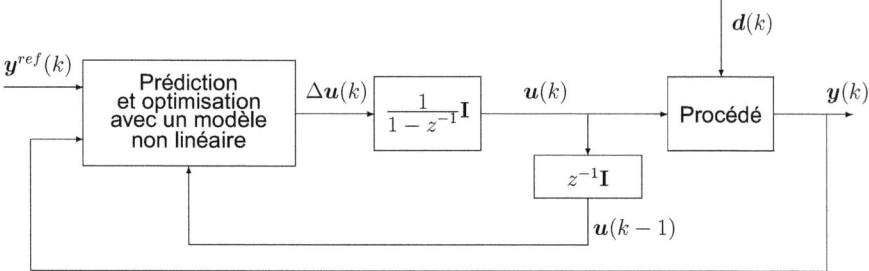

Figure 3.4 – NMPC avec optimisation non linéaire (Tatjewski, 2007)

3.4.2 MPC non linéaire avec linéarisation successive

La Figure 3.5 présente l'algorithme de la MPC avec linéarisation successive du modèle non linéaire à chaque instant d'échantillonnage. Cet algorithme consiste à linéariser le modèle non linéaire autour des états présents (Bequette, 1991; Brooms and Kouvaritakis, 2000; Camacho and Bordons, 2004; Henson, 1998; Tatjewski, 2007) du procédé et calcule ensuite les valeurs des variables manipulées en utilisant un algorithme de commande linéaire avec le modèle linéarisé. Donc dans cette approche, le problème de NMPC est transformé en un problème de MPC linéaire. C'est une approche moins optimale mais elle garantit que, à chaque pas, une solution optimale du problème d'optimisation quadratique soit trouvée et toujours dans une fenêtre de temps définie. Elle ne permet pas de compenser directement les non linéarités du procédé. Pour des procédés dont les non linéarités ne sont pas trop prononcées ou bien ceux fonctionnant autour de certains points d'équilibre pendant un temps relativement long et moyennant des perturbations lentes, la linéarisation peut ne pas être nécessaire à chaque instant d'échantillonnage.

3.4.3 MPC avec prédiction non linéaire et linéarisation

La Figure 3.6 présente l'algorithme de la MPC avec prédiction non linéaire et linéarisation (Henson, 1998; Manenti, 2011; Tatjewski, 2007). Dans cette approche, le modèle linéarisé n'est utilisé que dans le problème d'optimisation. La trajectoire libre des variables contôlées est évaluée à partir du modèle non linéaire.

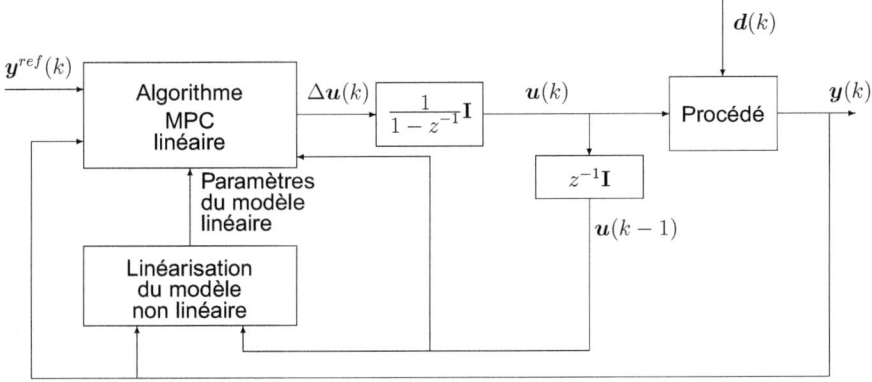

Figure 3.5 – NMPC avec linéarisation successive (Tatjewski, 2007)

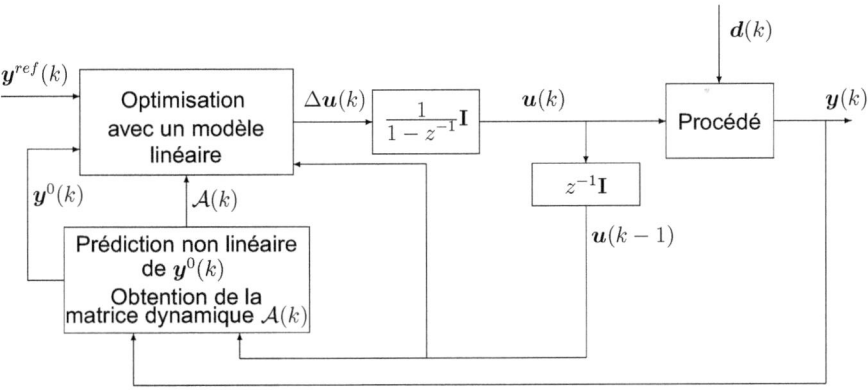

Figure 3.6 – NMPC avec prédiction non linéaire et linéarisation (Tatjewski, 2007)

3.5 Conclusion

Dans ce chapitre, nous avons fait un exposé de la commande prédictive basée sur le modèle à travers ses algorithmes linéaires et non linéaires. Il en ressort que la commande prédictive est un outil de commande très puissant qui permet de commander aisément les systèmes multivariables tout en intégrant les contraintes mais nécessite un certain temps de calcul ceci à cause de l'optimisation qui doit être menée surtout dans le cas de l'utilisation de sa forme non linéaire. Les applications industrielles sont nombreuses. Nous allons l'appliquer à un procédé parmi les plus complexes en génie des procédés.

Chapitre 4

Commande Prédictive du FCC

> In science, one tries to tell people, in such a way as to be understood by everyone, something that no one ever knew before. But in poetry, it's the exact opposite.
>
> Paul Dirac

4.1 Commande du FCC

Le FCC étant un système multivariable et fortement non linéaire, sa commande à l'aide de simples régulateurs PID semble délicate. De plus, étant donné l'importance économique des FCC, une commande avancée multivariable se justifie aisément. Toutefois, certains auteurs ont proposé des commandes à base de PID. (Ali et al., 1997) ont utilisé trois contrôleurs PID pour la commande du FCC. (Aguilar et al., 2002) ont utilisé une commande robuste à base de PID pour le contrôle de la température dans un FCC. Cette commande quoique robuste vis à vis des incertitudes de modèle, des mesures de température bruitées et des changements de consignes, ne permet pas de prendre en compte les contraintes, ni le caractère multivariable du procédé.

4.2 État de l'art de la commande prédictive du FCC

Depuis que le FCC existe, sa commande efficiente a toujours été une préoccupation tant au niveau de l'industrie que de la recherche. En effet, la nécessité de plus en plus grande de faire fonctionner le FCC au voisinage des contraintes et de respecter certaines contraintes environnementales telles que le dégagement du CO_2 a permis d'utiliser plusieurs outils de commande des plus simples aux plus évolués. La différence majeure dans les approches de commande se retrouve dans les modèles utilisés et leur capacité d'intégrer les contraintes. Certains utilisent des modèles mathématiques assez simplifiés en considérant les différents réacteurs du FCC comme de simples systèmes de premier ordre (Pandimadevi et al., 2010) alors que d'autres auteurs tels que (Nt and Secchi, 2011) utilisent des modèles plus élaborés avec des descriptions des cinétiques de craquage pouvant dépasser la dizaine de groupes. L'utilisation de la commande prédictive non linéaire est aussi de plus en plus choisie au vu de l'évolution de la puissance de calcul des calculateurs numériques, ce qui permet de pallier la complexité de calculs nécessaires pour la mettre en œuvre.

Une étude assez détaillée de l'application de la commande prédictive aux FCC industriels est présentée dans (Pinheiro et al., 2011). On remarque qu'il existe en général deux grandes structures de commande :
- La structure de commande MPC de type indirect qui fournit les références aux PID qui sont en contact direct avec les variables manipulées du procédé.
- La structure directe qui permet de commander directement le procédé sans passer par le PID (DMPC).

(Kalra and Georgakis, 1994) ont étudié la performance des algorithmes de la MPC sur le FCC. Ces auteurs ont conclu que, dans certaines circonstances spécifiques, la méthodologie des tests de réponses indicielles pourrait ne pas être une approche sans danger pour bâtir un modèle dynamique du procédé. En effet, les réponses indicielles ne sont pas les meilleurs indicateurs des dynamiques en haute fréquence d'un procédé et les non linéarités à ces fréquences ne sont pas souvent détectées par cette méthode.

(Iancu et al., 2012) ont utilisé la commande prédictive distribuée avec une application sur le FCC. Les résultats ont montré que la commande (Direct Model Predictive Control) DMPC utilisée n'avait rien à envier aux autres types de commande MPC.

Les variables commandées les plus importantes du FCC selon (Pinheiro et al., 2011) sont le niveau du catalyseur dans le stripper, la température du riser, la concentration en oxygène du gaz de cheminée, la température du régénérateur, la température du cyclone. Les variables manipulées les plus importantes sont les débits du catalyseur utilisé et régénéré, le débit du gaz de cheminée et le débit d'air entrant dans le régénérateur.

4.3 Modèle

Le modèle du FCC utilisé dans l'identification et la commande a été décrit dans la section 1.4. Il comprend les équations du riser, du séparateur et du régénérateur. Ce modèle est approprié pour la commande prédictive du FCC (Ljungquist et al., 1993).

4.3.1 Choix du mode de combustion

La combustion du FCC peut être contrôlée de deux manières (Hovd and Skogestad, 1993) soit en mode de combustion complète, soit en mode de combustion partielle. Dans le régénérateur, le coke formé sur le catalyseur dans le riser réagit avec l'oxygène de l'air entrant et forme à la fois du CO et du CO_2 dans le lit dense. La combustion de CO en CO_2 est une réaction fortement exothermique. Au-delà du lit dense, la densité de catalyseur est négligeable et la réaction de CO en CO_2 se fait uniquement en phase gazeuse.
- Mode de combustion complète

    Dans le mode de combustion complète, peu de CO quitte le lit dense du régénérateur à cause du débit d'air élevé si bien que la majorité du CO formé par la combustion du coke est oxydé en CO_2 dans le lit dense. La chaleur dégagée par la combustion du CO en CO_2 peut être facilement gérée dans le lit dense et dans les cyclones du fait de la grande quantité de catalyseur présente dans le lit dense, la température résultante s'élève peu. Cependant, il n'est pas toujours possible de faire fonctionner le FCC en combustion complète dans le cas où l'alimentation a tendance à produire plus de coke.

- Mode de combustion partielle
Dans le mode de fonctionnement en combustion partielle, le débit d'air est inférieur par rapport à celui utilisé en combustion complète si bien que le CO formé lors de la combustion du coke dans le régénérateur n'est pas totalement oxydé en CO_2 dans le lit dense. S'il y a une grande quantité d'oxygène qui quitte le lit dense du régénérateur, il y aura réaction avec CO en phase gazeuse pour produire CO_2 au dessus du lit dense du régénérateur ou alors dans les cyclones du régénérateur. Par conséquent, il y aura une grande élévation de température s'il y a une augmentation significative d'oxygène quittant le lit dense du régénérateur. Il est donc important de contrôler la seconde combustion pour éviter des températures qui vont au-delà des limites admissibles. Un avantage de faire fonctionner en mode combustion partielle est le fait que la chaleur récupérée dans la chaudière de CO est très utile.

4.3.2 Paramètres de simulation

Les paramètres utilisés pour la commande du FCC se retrouvent dans les Tableaux (4.1), (4.2) et (4.3). Le Tableau (4.1) donne les variables stationnaires obtenues par intégration des équations dynamiques du modèle non linéaire jusqu'à l'état stationnaire pour un ensemble raisonnable d'entrées manipulées. Le Tableau (4.2) fournit les paramètres de la commande prédictive tels que l'horizon de prédiction, l'horizon de commande et les contraintes. Deux cas sont étudiés ici et ne diffèrent que sur les horizons de prédiction.

Tableau 4.1 – Valeurs stationnaires de variables importantes pour le fonctionnement du FCC

Symbole	Signification	Valeur
C_{Ccreg}	Concentration du coke dans le régénérateur (kg/kg)	0.0038
C_{Ccsep}	Concentration du coke dans le riser à $z=1$ (kg/kg)	0.0104
$T_{ris}(0)$	Température dans le riser à $z=0$ (K)	805
T_{sep}	Température dans le riser à $z=1$ (K)	780.62
T_{reg}	Température dans le lit dense du régénérateur (K)	971.92
x_{o2}	Fraction molaire en oxygène dans le régénérateur	0.0047
y_{g0}	Fraction massique de l'huile dans le riser à $z=1$	0.4825
y_g	Fraction massique de l'huile dans le riser à $z=1$	0.3680

Les entrées manipulées sont le débit du catalyseur régénéré et le débit d'air dans le régénérateur ; les sorties commandées sont la température au sommet du riser et la température dans le lit dense du régénérateur (Tableau 4.4).

Tableau 4.2 – Paramètres de commande prédictive

Paramètre	Cas 1	Cas 2
Période d'échantillonnage (s)	250	250
Horizon du modèle	63	63
Horizon de prédiction	20	60
Horizon de commande	3	3
Contraintes sur entrée 1 (kg.s^{-1})	[270, 310]	[270, 310]
Contraintes sur entrée 2 (kg.s^{-1})	[24, 50]	[24, 50]

Tableau 4.3 – Données du FCC utilisées en simulation

Notation	Signification	Valeur
$C_{p,air}$	Capacité calorifique de l'air (J.kg^{-1}.K^{-1})	1074
$C_{p,o}$	Capacité calorifique de l'huile (J.kg^{-1}.K^{-1})	2671
$C_{p,steam}$	Capacité calorifique de la vapeur (J.kg^{-1}.K^{-1})	1900
E_{acf}	Énergie d'activation pour la formation du coke (J.mol^{-1})	2089.5
E_{af}	Énergie d'activation pour le craquage de l'alimentation (J.mol^{-1})	$101.5\,10^3$
E_{ag}	Énergie d'activation pour le craquage de l'essence (J.mol^{-1})	$112.6\,10^3$
$F_{reg,cat}$	Débit massique du catalyseur (kg.s^{-1})	294
F_{feed}	Débit massique de l'alimentation (kg.s^{-1})	40.63
$F_{mas,reg,air}$	Débit d'air dans le régénérateur (kg.s^{-1})	25.378
$m_{cat,sep}$	Rétention du catalyseur dans le séparateur (kg)	17500
$m_{cat,reg}$	Rétention du catalyseur dans le régénérateur (kg)	175738
$m_{air,reg}$	Rétention d'air dans le régénérateur (mol)	20000
$M_{w,coke}$	Masse molaire du coke (kg.mol^{-1})	14.10^{-3}
n_{CH}	Nombre de moles d'hydrogène par mole de carbone dans le coke	2
T_{air}	Température de l'air dans le régénérateur (K)	360
T_{feed}	Température de l'alimentation (K)	434.63
T_{boil}	Température d'ébullition de l'alimentation (K)	700
t_c	Temps de séjour dans le riser (s)	9.6
α_2	Fraction d'alimentation qui produit l'essence	0.75
ΔH_{vap}	Enthalpie de vaporisation (J.kg^{-1})	1.5610^5
ΔH_{crack}	Enthalpie de craquage (J.kg^{-1})	$506.2\,10^3$

Tableau 4.4 – Variables manipulées et sorties commandées

Commande 2×2		
Entrée 1	Catalyseur régénéré	u_1
Entrée 2	Débit d'air entant dans le régénérateur	u_2
Sortie 1	Température au sommet du riser	y_1
Sortie 2	Température du lit dense du régénérateur	y_2

4.4 Identification en boucle ouverte

Pour identifier notre système en boucle ouverte, nous appliquons des échelons en entrée et obtenons ainsi les réponses indicielles continues, issues de simulation, des Figures 4.2 et 4.3 selon le schéma général 4.1. Partant d'une valeur stationnaire du débit de catalyseur égale à 294 kg.s^{-1}, nous appliquons un échelon de 5% sur ce débit et de même, partant d'une valeur stationnaire du débit d'air égale à 25.378 kg.s^{-1}, nous appliquons un échelon de 0.05% sur ce débit.

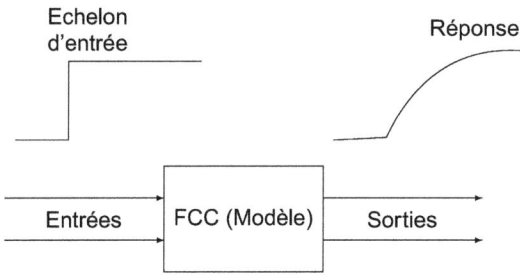

Figure 4.1 – Schéma du processus d'identification

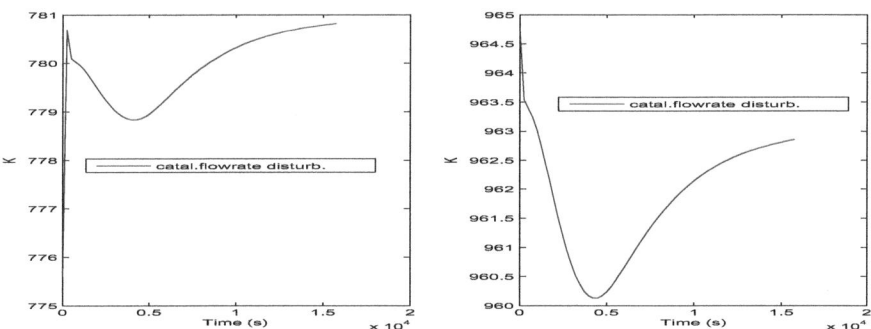

Figure 4.2 – Réponse en boucle ouverte à un échelon du débit de catalyseur : température en haut du riser (gauche), température du régénérateur (droite)

Les réponses indicielles échantillonnées que nous obtenons sont présentées dans la Figure 4.4. Lorsque le débit de catalyseur u_1 subit un échelon, la température au sommet du riser y_1 et celle dans le régénérateur y_2 varient selon un schéma de réponse inverse. En effet, l'augmentation du débit de catalyseur augmente brutalement la température au pied du riser, d'où celle au sommet du riser sans effet dynamique, ensuite les températures diminuent de manière dynamique à cause de l'endothermicité des réactions de cracking puis finalement augmentent lentement à cause de l'exothermicité du régénérateur et de son inertie plus grande. Par contre, lorsque le débit d'air u_2 subit un échelon, les réponses sont voisines de fonctions de transfert de premier ordre. En fait, l'augmentation du débit d'air améliore la réaction exothermique

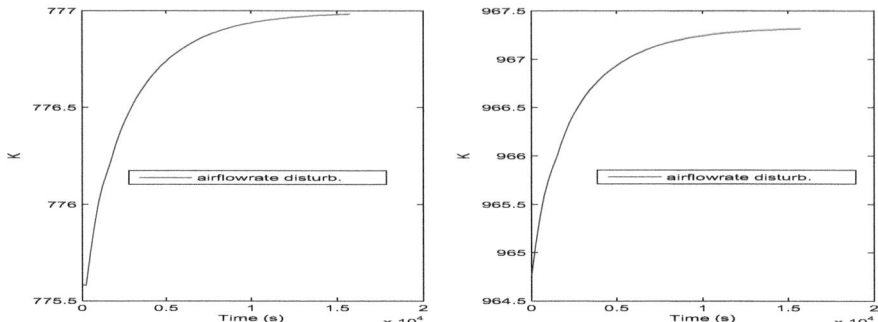

Figure 4.3 – Réponse en boucle ouverte à un échelon du débit d'air : température en haut du riser (gauche), température du régénérateur (droite)

de combustion dans le régénérateur et donc la température du régénérateur quasiment selon un processus de premier ordre. La température du régénérateur est aussi celle du catalyseur régénéré qui aura pour conséquence la modification de la température au pied du riser et donc celle de la température au sommet du riser.

A partir des réponses indicielles, en effectuant un échantillonnage avec une période d'échantillonnage $T_s = 250$s, nous pouvons calculer les coefficients des réponses indicielles (Figure 4.4) qui permettent de construire la matrice dynamique $\mathcal{A}$ utilisée dans l'algorithme de commande QDMC.

Commande Prédictive d'un FCC

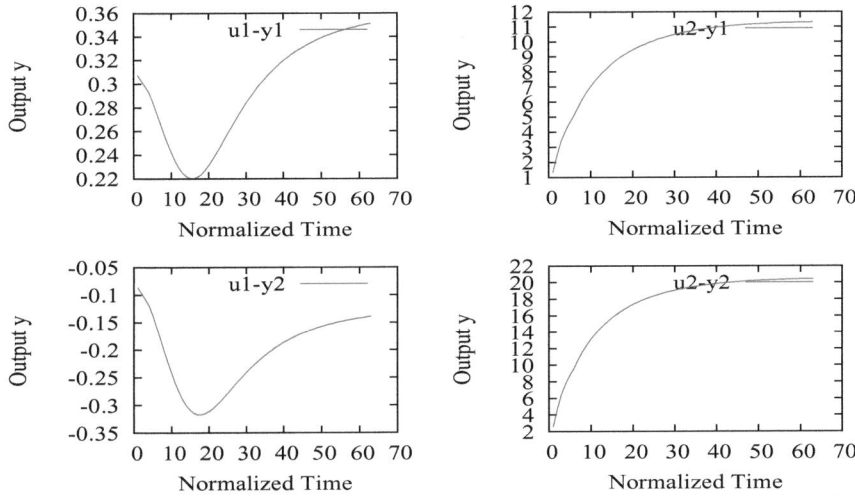

Figure 4.4 – Coefficients des réponses indicielles : u_1 débit de catalyseur, u_2 débit d'air, y_1 température du riser, y_2 température du régénérateur

4.5 Commandabilité du FCC

La commandabilité du modèle de FCC utilisé a été étudiée par (Hovd and Skogestad, 1993) en utilisant la matrice de gain relatif, d'élément courant λ_{ij} (Corriou, 2012). Pour assurer la commandabilité du FCC, certaines règles sont à respecter, entre autres :
- Règle 1 : éviter la conception du procédé avec une transmission de zéros du demi-plan droit dans la bande passante désirée,
- Règle 2 : éviter la conception du procédé dans le cas de valeurs trop importantes de λ_{ij} (Skogestad and Morari, 1987),
- Règle 3 : éviter de coupler l'entrée i et la sortie j dans le cas de valeurs négatives de λ_{ij} (Grosdidier et al., 1985).

(Arbel et al., 1996) donne les possibilités de combinaison des variables manipulées et contrôlées pour les modes de fonctionnement en combustion partielle et en combustion complète. Nous allons utiliser comme variables contrôlées T_{ris}, T_{reg} et comme variables manipulées F_{air} et F_{cat} ainsi que prévu par le choix fait antérieurement.

Le choix de la structure des variables de commande est aussi important (Hovd and Skogestad, 1991) et la matrice de gain relatif est un outil valable pour examiner le couplage des variables manipulées et contrôlées dans un procédé multivariable. Elle fut proposée par (Bristol, 1966). Cette technique nous permet de choisir le meilleur couplage à réaliser entre les variables d'entrées et de sortie d'un système. (Pandimadevi et al., 2010) l'ont utilisé pour la conception d'un régulateur pour FCC. Pour une commande qui n'est pas à priori multivariable comme le PID, elle permet de s'assurer de la commandabilité du système avec la structure entrée-sortie choisie.

D'après les Figures 4.4, les fonctions de transfert correspondant aux réponses indicielles ont été identifiées avec le modèle suivant couplé de réponse algébrique et de réponse inverse pour les couples $(u_1 - y_1)$ et $(u_1 - y_2)$ qui donne la fonction de transfert :

$$G_{1i}(s) = a_i + \frac{K_{2i}}{\tau_{2i}s + 1} - \frac{K_{1i}}{\tau_{1i}s + 1} \qquad (4.1)$$

et de premier ordre pour les couples $(u_2 - y_1)$ et $(u_2 - y_2)$ qui donne la fonction de transfert :

$$G_{2i}(s) = \frac{K'_{2i}}{\tau'_{2i}s + 1} \qquad (4.2)$$

D'après les fonctions de transfert précédentes, les réponses temporelles à un échelon unité d'entrée ont été calculées soit respectivement :

$$\delta y_{1i}(t) = a_i + K_{2i}\left(1 - \exp\left(-\frac{t}{\tau_{2i}}\right)\right) - K_{1i}\left(1 - \exp\left(-\frac{t}{\tau_{1i}}\right)\right) \qquad (4.3)$$

et :

$$\delta y_{2i}(t) = K'_{2i}\left(1 - \exp\left(-\frac{t}{\tau'_{2i}}\right)\right) \qquad (4.4)$$

Tableau 4.5 – Fonctions de transfert continues identifiées

Symbole	Couple	Fonction de transfert
G_{11}	$(u_1 - y_1)$	$0.32 + \frac{5.887}{3010s + 1} - \frac{5.847}{2827s + 1}$
G_{12}	$(u_1 - y_2)$	$-0.08 + \frac{7.711}{3102s + 1} - \frac{7.751}{2884s + 1}$
G_{21}	$(u_2 - y_1)$	$\frac{11.039}{2853s + 1}$
G_{22}	$(u_2 - y_2)$	$\frac{19.904}{2348s + 1}$

Ensuite, en comparant la réponse indicielle (avec l'échelle de temps réel) y_{exp} et la réponse temporelle y_{mod} à un échelon unité d'entrée, un critère de type moindres carrés a été posé :

$$J = \sum_{i=1}^{n} w(i)(y_{exp}(i) - y_{mod}(i))^2 \qquad (4.5)$$

Dans le cas des fonctions de transfert $G_{1i}(s)$, les poids $w(i)$ sont égaux à 1 lorsque $i \leq 15$ et égaux à 10 lorsque $i \geq 16$ afin de donner plus d'importance à la forme finale de la réponse. Pour les fonctions de transfert $G_{2i}(s)$, les poids $w(i)$ sont tous égaux à 1. Pour les fonctions de transfert (4.1), connaissant la valeur approchée de la réponse finale, une contrainte a été posée :

$$\delta y_{1i}(\infty) = a_i + K_{2i} - K_{1i} \qquad (4.6)$$

avec de plus a_i lu sur la réponse indicielle. De ce fait, pour cette fonction de transfert, trois paramètres devaient être identifiés. Pour la fonction de transfert (4.2), K'_{2i} aurait pu être lu, mais en fait une identification simple à deux paramètres a été effectuée.

En utilisant la fonction "fminsearch" de Matlab, les paramètres de fonctions de transfert ont été obtenus (Tableau 4.5). Sur la Figure 4.5, les réponses indicielles et les réponses des modèles identifiés sont comparées et montrent un accord convenable pour les réponses à l'entrée u_1 (débit de catalyseur) et un très bon accord pour les réponses à l'entrée u_2 (débit d'air).

Pour la réponse à l'entrée u_1 (débit de catalyseur), la constante de temps τ_2 est légèrement plus grande que τ_1. Le temps de passage du catalyseur dans le riser est négligeable, le temps de passage du catalyseur dans le séparateur est égal à 59,5s et le temps de passage du catalyseur dans le régénérateur est égal à 597,7s. Si l'on considère les constantes de temps des fonctions de transfert identifiées (Tableau 4.5), on constate qu'elles sont de l'ordre de grandeur de 4 à 5 fois le temps de passage le plus grand.

Pour calculer la matrice de gain relatif, on approxime les fonctions de transfert $G_{1i}(s)$ (équation 4.1) comme une fonction de transfert de premier ordre avec retard de gain K_{1i}. Les fonctions de transfert $G_{2i}(s)$ (équation 4.2) étant de premier ordre ne nécessitent aucune approximation. On en déduit les gains suivants :

$$K_{11} = 0.36 \, , \quad K_{12} = -0.12 \, , \quad K_{21} = 11.039 \, , \quad K_{22} = 19.904 \tag{4.7}$$

Dès lors, nous allons déterminer la matrice de gain relative RGA sachant que :

$$\lambda_{11} = \frac{(\partial y_1/\partial u_1)_{u_2}}{(\partial y_1/\partial u_1)_{y_2}} = \frac{1}{1-k} \tag{4.8}$$

avec

$$k \doteq \frac{K_{12} K_{21}}{K_{11} K_{22}} = -0.185 \tag{4.9}$$

On en déduit la matrice de gain relatif (RGA) selon l'équation suivante :

$$\Lambda = \begin{bmatrix} \lambda_{11} & \lambda_{12} \\ \lambda_{21} & \lambda_{22} \end{bmatrix} = \begin{bmatrix} 0.845 & 0.155 \\ 0.155 & 0.845 \end{bmatrix} \tag{4.10}$$

avec $\sum_{i=1}^{n_u} \lambda_{ij} = \sum_{j=1}^{n_u} \lambda_{ij} = 1$.

Si la matrice Λ était la matrice identité, le système serait parfaitement découplé (Corriou, 2012). Dans le cas présent, comme l'élément λ_{11} est voisin de 1, nous pouvons conclure à propos des associations entrée-sortie choisies. L'appariement utilisé (y_1 associé à u_1 et y_2 associé à u_2, que l'on peut traduire par température en haut du riser associée au débit de catalyseur et température du régénérateur associée au débit d'air), si on utilisait des régulateurs PID, permettrait une commande efficiente du FCC.

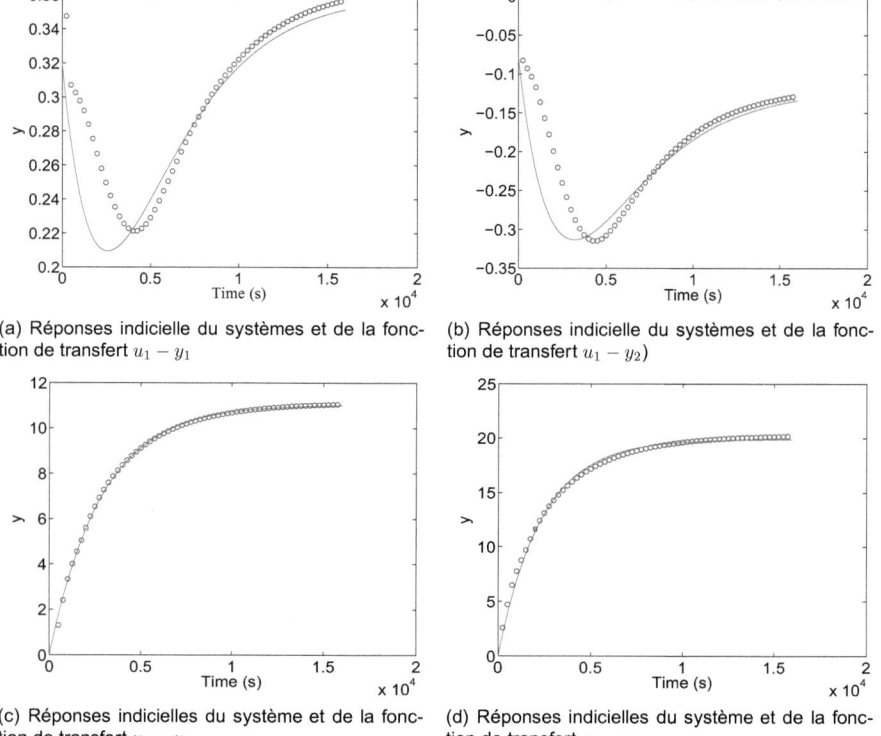

(a) Réponses indicielle du systèmes et de la fonction de transfert $u_1 - y_1$

(b) Réponses indicielle du systèmes et de la fonction de transfert $u_1 - y_2$)

(c) Réponses indicielles du système et de la fonction de transfert $u_2 - y_1$

(d) Réponses indicielles du système et de la fonction de transfert $u_2 - y_2$

Figure 4.5 – Réponses indicielles du système (symbole "o") et des fonctions de transfert identifiées (courbes continues)

4.6 Commande QDMC du FCC

4.6.1 Généralités

La commande du FCC se fera avec l'utilisation de plusieurs scénarii : nous allons tout d'abord mettre en œuvre la commande avec deux variables manipulées et deux variables contrôlées dans le cadre de la commande QDMC, ensuite nous allons implémenter la commande OBMPC avec la même configuration. Par la suite, nous allons utiliser trois variables manipulées et deux variables contrôlées.

4.6.2 Choix des horizons de commande et de prédiction

La commande prédictive basée sur le modèle repose sur la minimisation d'un critère qui utilise d'une part un prédicteur des sorties futures sur un horizon de prédiction donné, et d'autre part le vecteur des entrées futures sur un horizon de commande donné. Utiliser un horizon de prédiction grand permet de mieux stabiliser le système, mais cela a aussi un coût en terme d'effort de calcul à solliciter de la part du calculateur numérique. Un horizon de prédiction assez grand est conseillé pour un modèle fiable. Une petite valeur de l'horizon de commande donne une commande robuste qui est relativement insensible vis-à-vis des erreurs de modèle. En réduisant l'horizon de commande, l'on réduit aussi le nombre de calculs.

4.6.3 Commande QDMC 2×2

Le programme de mise en œuvre de l'algorithme de la MPC ainsi que du modèle du procédé est écrit en Fortran90 (Corriou, 2003, 2004, 2012). Ce programme permet de commander un système possédant un nombre quelconque d'entrées et de sorties, en tenant compte des contraintes dures sur les entrées et leurs variations et des contraintes douces sur les sorties commandées.

Dans le cas présent, des contraintes sont imposées sur les variables manipulées (Tableau 4.6). Les références sont connues a priori, c'est à dire que à l'instant initial $t = 0$, tous les profils des références sont connus. Les références sont choisies de façon désynchronisée pour mettre en évidence l'effet des couplages entrées-sorties au sein du procédé. Deux cas ont été étudiés (Tableau 4.6). Les résultats de simulation (Figures 4.6(c), 4.6(d), 4.6(a), 4.6(b)) montrent que malgré le changement entre les références, les sorties suivent les consignes respectives avec très peu d'écart, inférieur à 1 ou 2K au plus, tandis que les variables manipulées demeurent dans les limites des contraintes. Les résultats (Figures 4.7(c), 4.7(d), 4.7(a), 4.7(b)) montrent la performance du contrôleur même dans le cas où les poids des sorties sont significativement réduits. Les entrées manipulées restent toujours dans les limites des contraintes et les sorties continuent à suivre les consignes de façon tout à fait acceptable.

Les effets de couplage entre les entrées et les sorties sont visibles sur les Figures 4.6(c), 4.6(b) et les Figures 4.6(d), 4.6(a), mais par exemple, la sortie 1 rejoint rapidement son état stationnaire après un comportement transitoire pendant que la sortie 2 poursuit sa nouvelle référence. Ainsi, la commande QDMC basée sur les réponses indicielles est capable de maintenir les sorties d'un procédé complexe proches de leur référence variable avec des écarts tout à fait acceptables.

L'influence des poids dans le critère a été étudiée (Tableau 4.6). Ils ont été introduits pour donner plus d'importance à la partie performance qu'à la partie énergie du critère. La con-

Tableau 4.6 – Paramètres de la commande MPC 2×2

Paramètres	Cas 1	Cas 2
Période d'échantillonnage	250s	250s
Horizon de prédiction	60	60
Horizon de commande	3	3
Contraintes Min-Max sur l'entrée 1	[270 , 320]	[270 , 320]
Contraintes Min-Max sur l'entrée 2	[24 , 50]	[24 , 50]
Γ valeurs diagonales	10 10	5 5
Λ valeurs diagonales	1 1	1 1

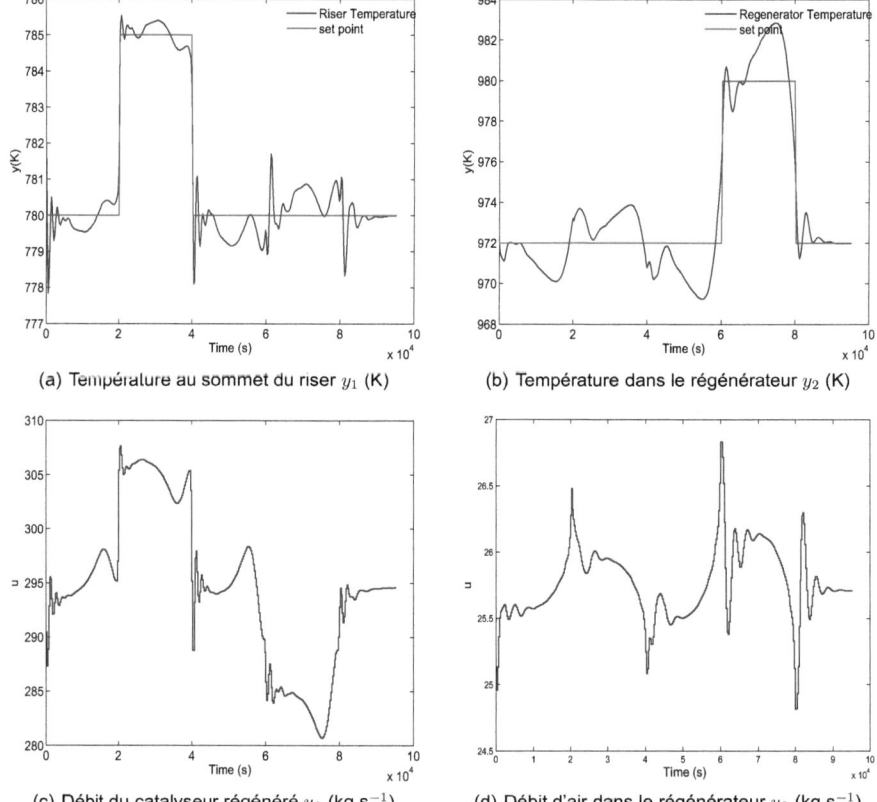

(a) Température au sommet du riser y_1 (K)

(b) Température dans le régénérateur y_2 (K)

(c) Débit du catalyseur régénéré u_1 (kg.s^{-1})

(d) Débit d'air dans le régénérateur u_2 (kg.s^{-1})

Figure 4.6 – Commande QDMC 2×2, cas 1 : Variables commandées et manipulées

Commande Prédictive d'un FCC

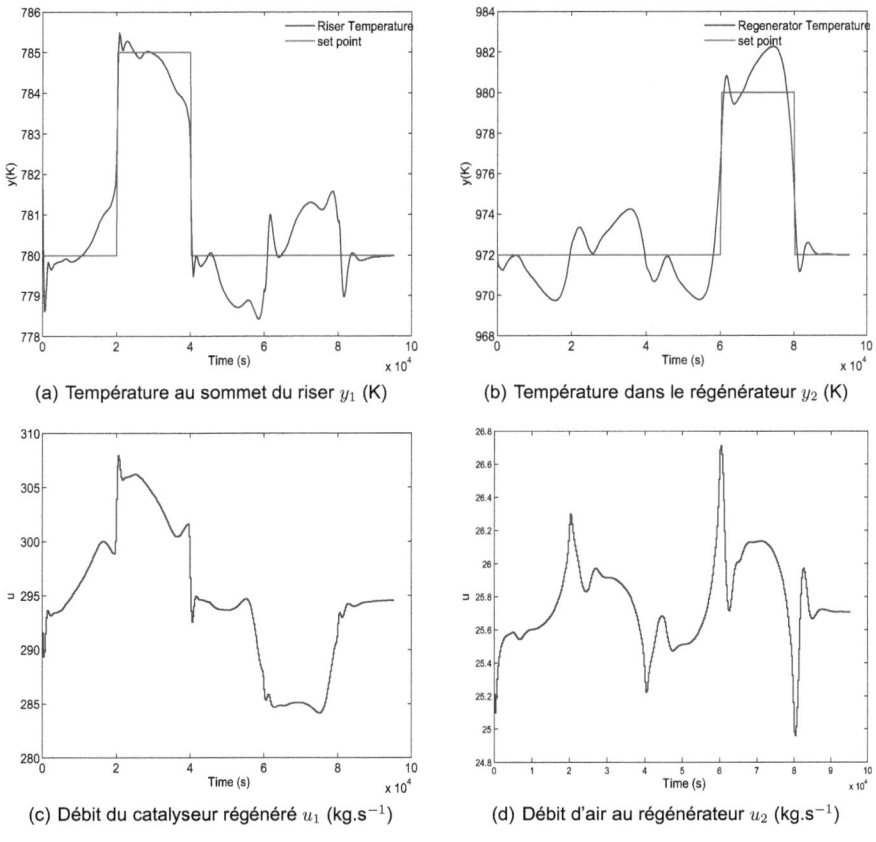

Figure 4.7 – Commande QDMC 2×2, cas 2 : Variables commandées et manipulées

séquence est que le suivi est très correct (Figures 4.6(a), 4.6(b)) mais au même moment certaines variations raides des entrées sont imposées, particulièrement visibles au niveau des changements de consigne. Quand les poids Γ sont réduits (Figures 4.7(a) et 4.7(b)) le suivi des consignes est un peu moins bon avec des écarts plus importants au voisinage du changement de consigne, mais cela demeure acceptable et les entrées sont plus douces.

Certaines variables importantes dans le régénérateur et le séparateur telles que les concentrations du coke sur le catalyseur dans le séparateur et dans le régénérateur, la fraction molaire d'oxygène dans le lit dense du régénérateur sont présentées sur les Figures 4.8, 4.9. Sur la Figure 4.8, il apparaît que le coke sur le catalyseur n'est pas complètement brûlé en accord avec les hypothèses selon lesquelles le régénérateur fonctionnait en mode de combustion partielle. L'évolution du contenu en coke au sommet du riser est semblable à celle du séparateur et suit la même tendance que le coke dans le régénérateur, donc quand la température du régénérateur augmente, la teneur en coke diminue et quand la température dans le riser augmente, la teneur en coke augmente aussi. La quantité du coke décroît avec l'augmentation du débit d'air dans le régénérateur. La fraction molaire d'oxygène dans le régénérateur (Figure 4.9) varie en sens contraire du coke dans le régénérateur, c'est-à-dire que quand le coke est élevé, la fraction molaire d'oxygène est basse car l'oxygène est fortement consommé et inversement, quand le coke est plutôt faible, la fraction molaire d'oxygène est élevée car l'oxygène est peu consommé.

Comme la production d'essence est fortement dépendante de la température dans le riser et l'activité du catalyseur dépendante de la température dans le régénérateur, la commande MPC peut significativement améliorer le rendement d'un FCC.

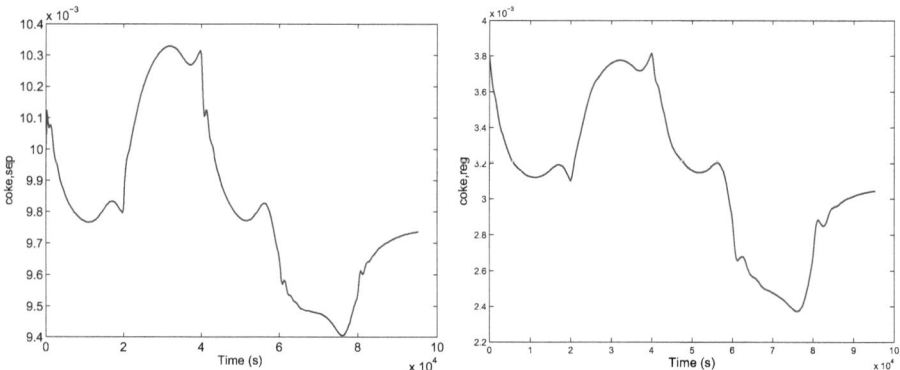

Figure 4.8 – Commande QDMC 2×2, cas 1 : Fraction massique du coke sur le catalyseur dans le régénérateur (gauche), Fraction massique du coke sur le catalyseur dans le séparateur (droite)

Rejet de perturbations

Afin d'étudier le rejet de perturbation par la commande QDMC, nous considérons le cas où les consignes sont constantes mais des perturbations sont introduites dans le modèle à des instants donnés. Plusieurs possibilités de perturbation existent, en particulier le débit de

Commande Prédictive d'un FCC

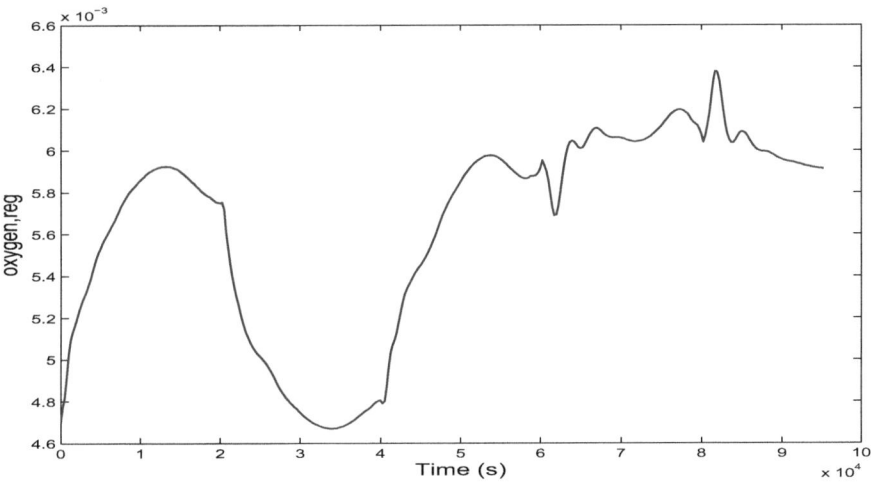

Figure 4.9 – Commande QDMC 2×2, cas 1 : Fraction molaire d'oxygène dans le régénérateur

l'alimentation, la qualité de l'alimentation, la température de l'alimentation, la température de l'air entrant dans le régénérateur, la rétention de catalyseur dans le régénérateur.

Dans le cas présent, nous introduisons une série de perturbations du débit d'alimentation, consistant à augmenter de 5% le débit d'alimentation à l'instant $t = 25000$s, puis à le diminuer de 10% à $t = 50000$s et ensuite à le ramener à son niveau initial à $t = 75000$s. Les Figures 4.10(a), 4.10(b), 4.10(c), 4.10(d) présentent les résultats de simulation dans le cas de ces perturbations du débit d'alimentation avec des consignes constantes.

Au vu de ces résultats, nous constatons un bon rejet des perturbations par la commande QDMC. La température au sommet du riser varie en sens contraire de la variation du débit d'alimentation et montre des pics d'environ 5K pour une variation de 5% du débit d'alimentation. La température dans le régénérateur montre une variation plus complexe, avec d'abord une variation rapide d'environ 2K en sens contraire de la variation de 5% du débit d'alimentation, suivie par une variation plus lente d'environ 2K dans le sens de la variation du débit d'alimentation. De ce fait, la température du régénérateur met plus longtemps à revenir à sa consigne que la température au sommet du riser. La commande u_1, correspondant au débit de catalyseur régénéré, augmente fortement d'environ 5% lorsque le débit d'alimentation augmente et la commande u_2, correspondant au débit d'air dans le régénérateur augmente à peu près de la même quantité.

Tolérance aux défauts

La commande prédictive a la capacité de s'adapter aux défauts ou perturbations même sans leur connaissance a priori (Maciejowski (2002)). Elle constitue par conséquent un outil passif de tolérance au défaut. Nous allons le vérifier en introduisant un défaut par une diminution de la température de l'air dans le régénérateur, qui constitue en fait une perturbation. Cette diminution va influencer la quantité de coke sur le catalyseur régénéré et ce faisant, affecter la

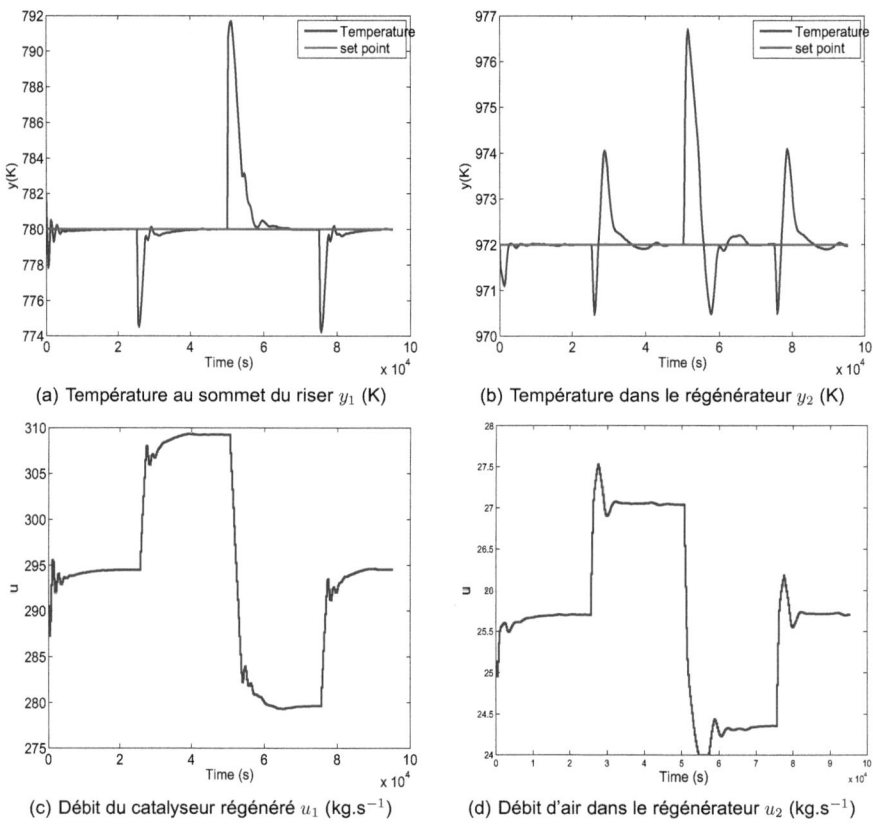

Figure 4.10 – Commande QDMC 2×2 : Variables commandées et manipulées dans le cas d'une perturbation du débit d'alimentation (augmentation de 5% à $t = 25000$s, diminution de 10% à $t = 50000$s, puis retour à la valeur initiale à $t = 75000$s)

Commande Prédictive d'un FCC

production d'essence en réduisant la capacité de craquage du catalyseur. La température de l'air subit une augmentation de 5% à $t = 25000s$, suivie d'une diminution de 10% à $t = 50000$s, puis un retour à la valeur initiale à $t = 75000$s. Les Figures 4.11(a), 4.11(b), 4.11(c) et 4.11(d) donnent les résultats de ce test de tolérance au défaut. La commande ramène en peu de temps les différentes sorties au niveau des références respectives. Les variations de température au sommet du riser et dans le régénérateur se font dans le sens de la variation de la température de l'air, la variation de la température au sommet du riser est d'environ 0.5K et la variation de la température du régénérateur d'environ 0.8K lorsque la température de l'air augmente de 5%. La commande u_1, correspondant au débit de catalyseur régénéré diminue lorsque le débit d'alimentation augmente ainsi que la commande u_2, correspondant au débit d'air dans le régénérateur. Ceci démontre la robustesse de la commande vis-à-vis des défauts inattendus tel que le préchauffage de l'air. Par rapport à l'influence d'une variation du débit d'alimentation, la perturbation de la température de l'air agit beaucoup moins fortement sur le FCC à cause de la faible capacité thermique associée à l'air.

4.6.4 Commande QDMC 3×2

Une commande QDMC 3×2 a été étudiée en ajoutant par rapport au cas précédent 2×2 le débit d'alimentation comme variable manipulée (Tableau 4.7).

Tableau 4.7 – Variables manipulées et sorties commandées

Commande 3×2		
Entrée 1	Catalyseur régénéré	u_1
Entrée 2	Débit d'air entant dans le régénérateur	u_2
Entrée 3	Débit d'alimentation	u_3
Sortie 1	Température au sommet du riser	y_1
Sortie 2	Température du lit dense du régénérateur	y_2

Les Figures 4.12(a), 4.12(b) et 4.12(c) présentent les réponses indicielles pour l'identification du FCC avec trois variables manipulées, le débit du catalyseur régénéré, le débit d'air dans le régénérateur et le débit d'alimentation. Les simulations sont réalisées avec les mêmes valeurs de paramètres de réglage que dans le cas de deux variables manipulées (Tableau 4.6). Par rapport aux réponses 4.4, les influences du débit du catalyseur régénéré et du débit d'air sont identiques, par contre l'influence nouvelle du débit d'alimentation montre une réponse voisine d'un premier ordre avec un gain négatif, ce qui signifie qu'une augmentation du débit d'alimentation entraîne une diminution des températures au sommet du riser et du régénérateur.

Ensuite la commande QDMC 3×2 a été mise en oeuvre avec les réglages du Tableau 4.8. La Figure 4.13 représente les températures au sommet du riser et dans le lit dense du régénérateur et la Figure 4.14 les variables manipulées pendant la commande. Nous remarquons un très bon suivi des consignes mais au détriment d'oscillations au niveau des changements de consigne. Les mêmes oscillations se remarquent sur les variables manipulées. Cette commande est particulière car elle fait intervenir plus de variables manipulées que de variables commandées. D'autre part, dans la plupart des procédés, par exemple les colonnes de distillation, l'alimentation est considérée comme une perturbation et non pas une variable manipulée.

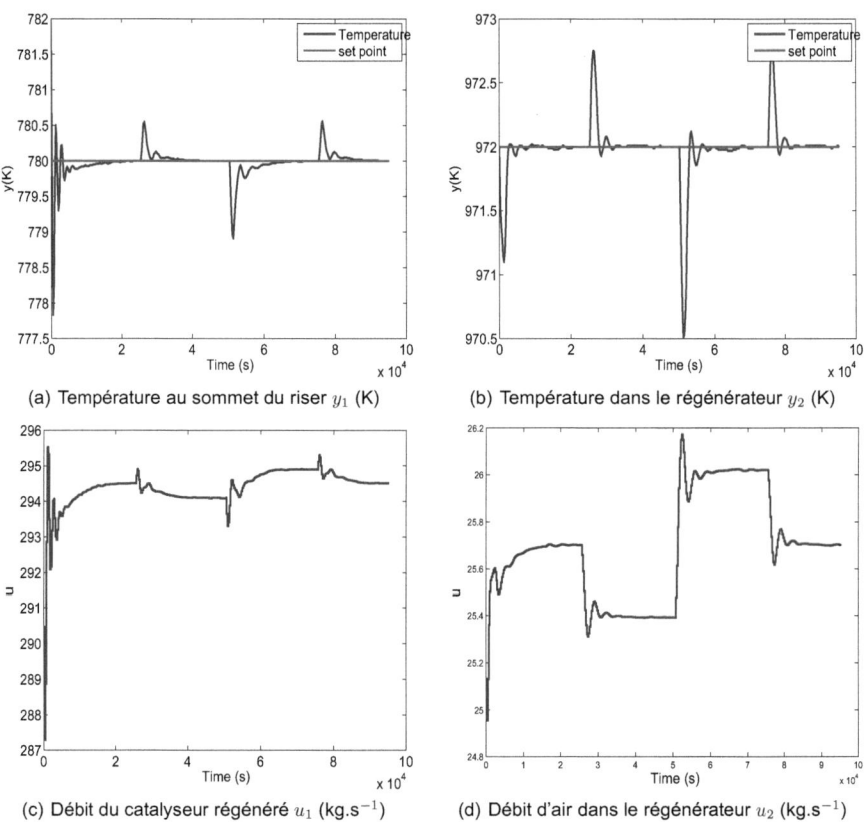

Figure 4.11 – Commande QDMC 2×2 : Variables commandées et manipulées dans le cas d'une perturbation de la température de l'air (augmentation de 5% à $t = 25000s$, diminution de 10% à $t = 50000$s, puis retour à la valeur initiale à $t = 75000$s)

Commande Prédictive d'un FCC

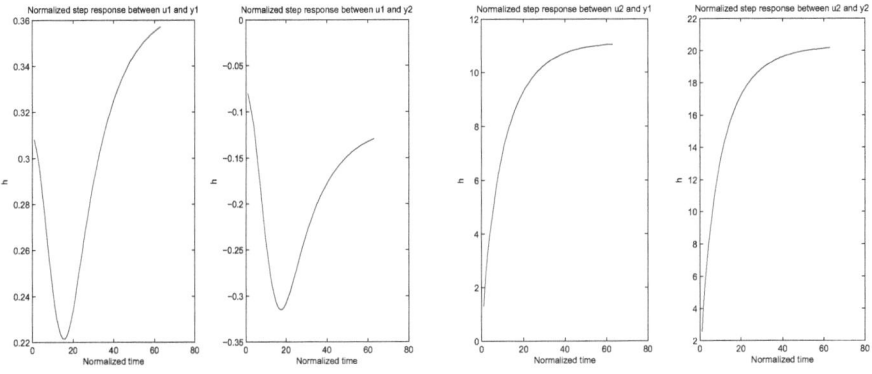

(a) Coefficients de réponse indicielle, influence du débit de catalyseur

(b) Coefficients de réponse indicielle, influence du débit d'air

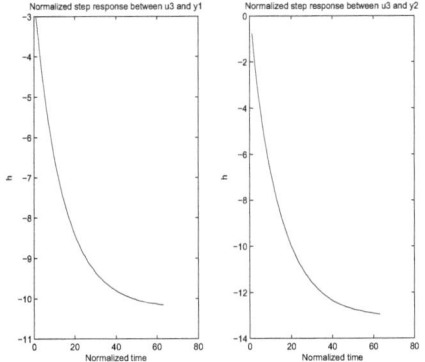

(c) Coefficients de réponse indicielle, influence du débit d'alimentation

Figure 4.12 – Coefficients des réponses indicielles pour la commande QDMC 3×2 : u_1 débit de catalyseur régénéré, u_2 débit d'air, u_3 débit d'alimentation, y_1 température du riser, y_2 température du régénérateur

Tableau 4.8 – Paramètres de la commande MPC 3×2

Paramètres	
Période d'échantillonnage	250s
Horizon de prédiction	60
Horizon de commande	3
Contraintes Min-Max sur l'entrée 1	[270 , 320]
Contraintes Min-Max sur l'entrée 2	[24 , 50]
Contraintes Min-Max sur l'entrée 3	[15 , 70]
Γ valeurs diagonales	10 10
Λ valeurs diagonales	1 1 1

En fait, il est également intéressant de comparer les résultats de la commande QDMC 3×2 (Figures 4.13 et 4.14) par rapport aux résultats de la commande QDMC 2×2 (Figure 4.6). Le suivi de consigne est plus fidèle pour la commande QDMC 3×2, mais au prix d'oscillations de la température au sommet du riser qui ne sont pas nécessairement souhaitables et forcément liées à des oscillations des entrées manipulées. Il est probable que, du point de vue de la robustesse, un ingénieur préférerait la commande QDMC 2×2 à la commande QDMC 3×2 et traiterait le débit d'alimentation comme une perturbation plutôt que comme une variable manipulée.

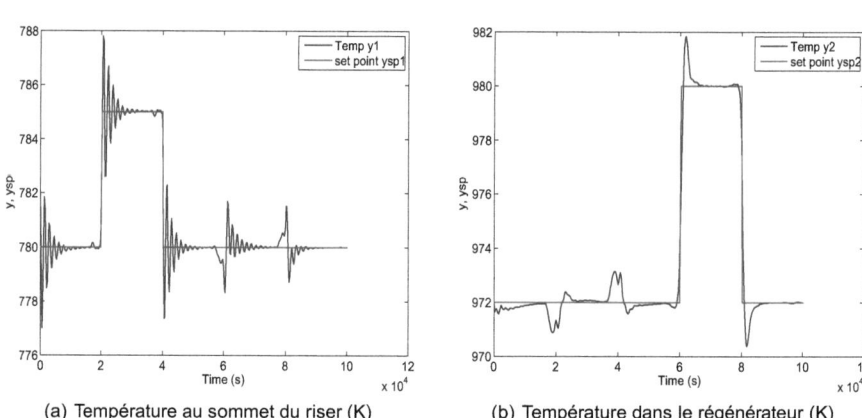

(a) Température au sommet du riser (K) (b) Température dans le régénérateur (K)

Figure 4.13 – Commande QDMC 3×2 : Variables commandées

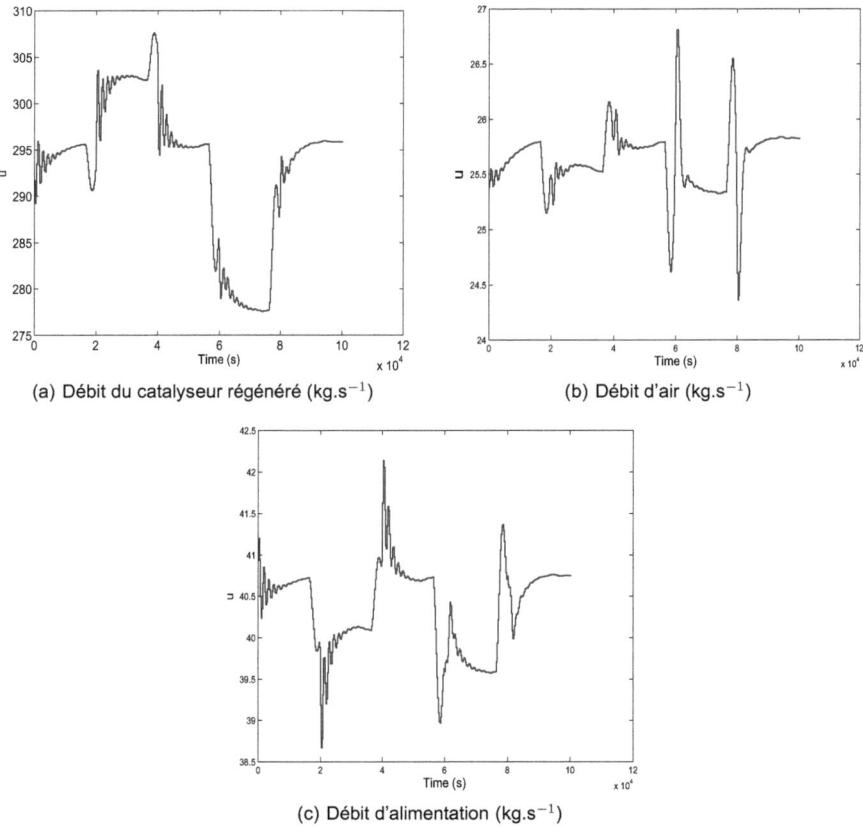

Figure 4.14 – Commande QDMC 3×2 : Variables manipulées

4.7 Commande OBMPC du FCC

Dans cette partie, nous allons mettre en œuvre l'algorithme de commande OBMPC, qui est un algorithme de commande MPC pouvant utiliser un observateur tel que l'un de ceux décrits au chapitre 2 pour avoir les mesures estimées des sorties. Nous utilisons comme variables manipulées le débit d'air dans le régénérateur, le débit du catalyseur régénéré, et comme variables contrôlées la température dans le riser et la température dans le lit dense du régénérateur (Tableau 4.6).

Dans le cas d'une commande OBMPC avec trois variables manipulées, nous rajoutons le débit d'alimentation dans le cas de la commande (Tableau 4.8).

4.7.1 Commande OBMPC 2×2

Dans un premier temps, nous procédons à la commande avec un bruit assez faible. Les conditions de simulation sont résumées dans le tableau 4.9

Tableau 4.9 – Paramètres de la commande OBMPC 2×2

Paramètres	
Période d'échantillonnage	250s
Horizon de prédiction	20
Horizon de commande	3
Horizon du modèle	60
Horizon de prédiction du modèle	120
poids sur entree1	1
poids sur entree1 2	1
poids sur sortie1	10
poids sur sortie2	10
Γ valeurs diagonales	10 10
Λ valeurs diagonales	1 1
sigma	0.01
qcov	1.0

Les résultats présentés par les Figures 4.15 et 4.16 montrent un suivi de consignes de bonne qualité et une anticipation des changements de consigne et des entrées manipulées assez douces.

Dans le cas des Figures 4.17 et 4.18, le bruit est introduit et égal à 0.5

Les résultats présentés par les Figures 4.17 et 4.18 montrent un suivi de consignes de bonne qualité faible malgré la présence du bruit.

4.7.2 Commande OBMPC 3×2

Dans cette sous-partie, nous utilisons trois variables manipulées, le débit de catalyseur régénéré, le débit d'air dans le régénérateur, le débit d'alimentation ; comme variables contrôlées, la température au sommet du riser et dans le lit dense du régénérateur selon le Tableau 4.8.

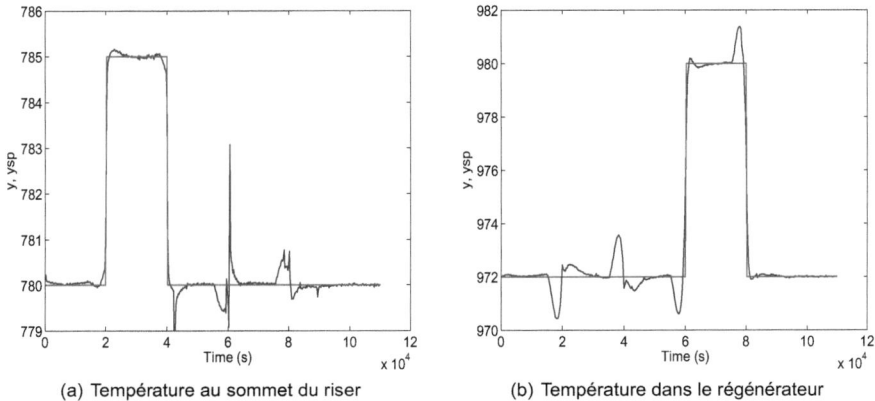

(a) Température au sommet du riser   (b) Température dans le régénérateur

Figure 4.15 – Commande OBMPC 2×2 : Variables commandées

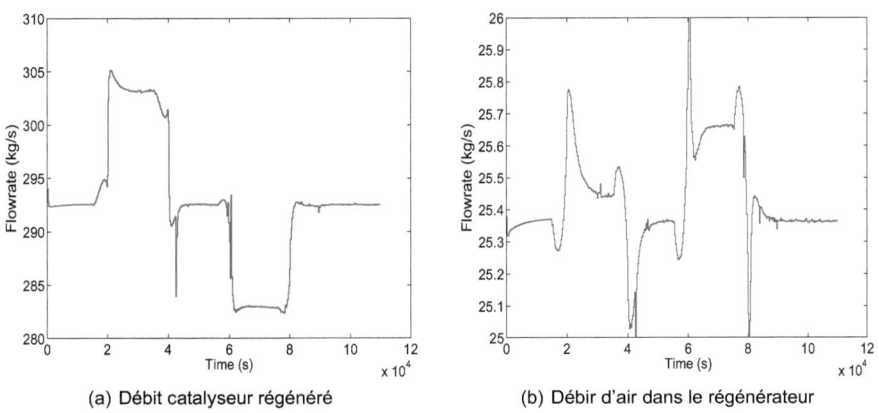

(a) Débit catalyseur régénéré   (b) Débir d'air dans le régénérateur

Figure 4.16 – Commande OBMPC 2×2 : Variables manipulées

Chapitre 4. Commande Prédictive du FCC

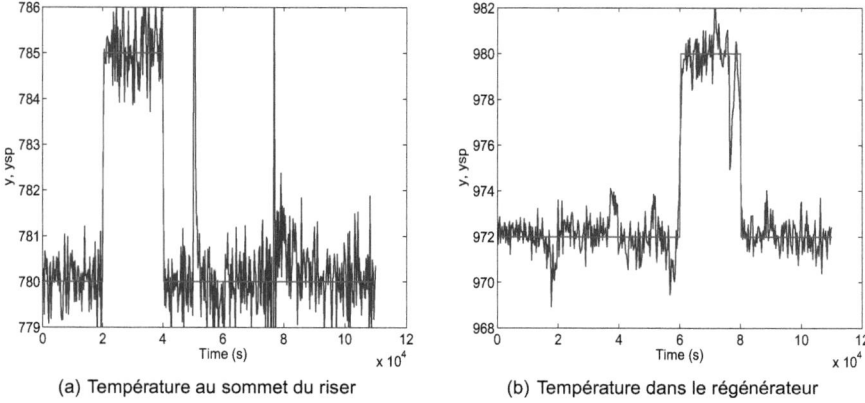

(a) Température au sommet du riser (b) Température dans le régénérateur

Figure 4.17 – Commande OBMPC 2×2 : Variables commandées

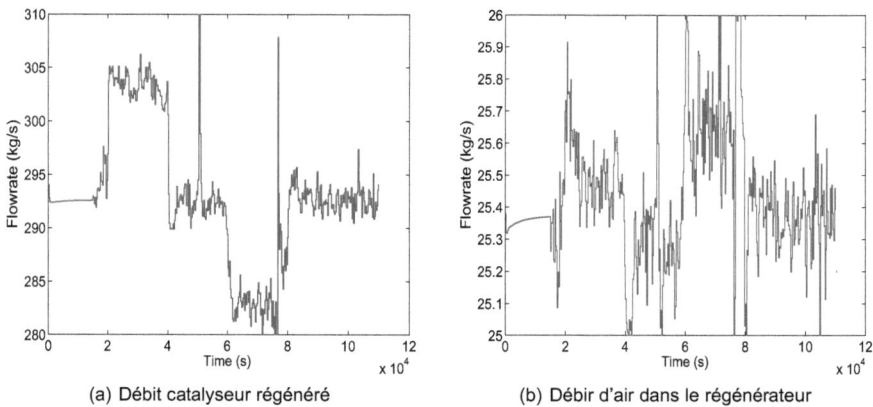

(a) Débit catalyseur régénéré (b) Débir d'air dans le régénérateur

Figure 4.18 – Commande OBMPC 2×2 : Variables manipulées

Les Figures 4.19 et 4.20 présentent les résultats de simulation dans le cas de la commande OBMPC avec trois variables manipulées avec un horizon de prédiction de H_p=20 et sans bruit. Par rapport au cas de la commande OBMPC 2×2, nous constatons un bon suivi des consignes (Figure 4.19) mais en particulier une augmentation paradoxale des phénomènes de couplage liée sans doute aux variations visibles du débit d'alimentation (Figure 4.20). Cependant, les variables manipulées sont aussi assez douces (Figure 4.20).

Tableau 4.10 – Paramètres de la commande OBMPC 3×2

Paramètres	
Période d'échantillonnage	250s
Horizon de prédiction	20
Horizon de commande	3
Horizon du modèle	60
Horizon de prédiction du modèle	120
poids sur entree1	1
poids sur entree1 2	1
poids sur entree1 3	1
poids sur sortie1	10
poids sur sortie2	10
Γ valeurs diagonales	10 10
Λ valeurs diagonales	1 1
sigma	0.01
qcov	1.0

Les Figures 4.21 et 4.22 présentent les résultats de simulation dans le cas de la commande OBMPC avec trois variables manipulées avec un horizon de prédiction de H_p=20 avec bruit. Par rapport au cas de la commande OBMPC 2×2, nous constatons un bon suivi des consignes malgré la présence de bruit (Figure 4.21) mais aussi une augmentation paradoxale des phénomènes de couplage liée sans doute aux variations visibles du débit d'alimentation (Figure 4.22). Cependant, les variables manipulées sont moins douces (Figure 4.22).

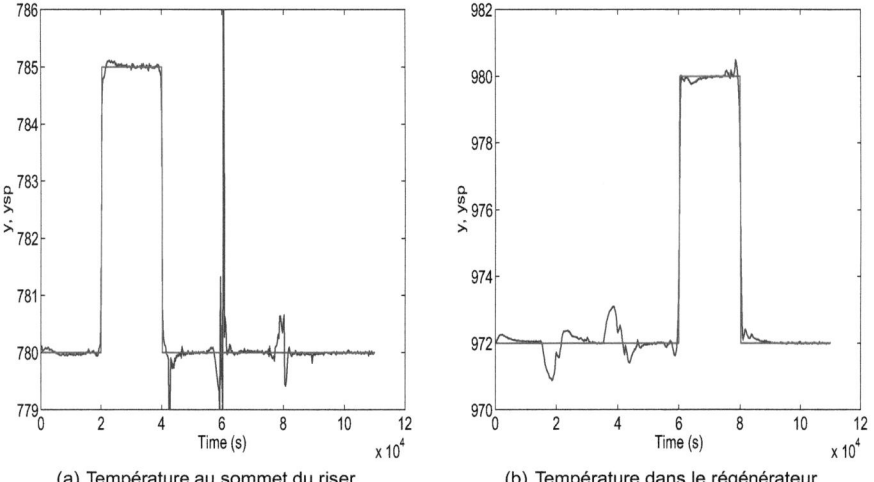

(a) Température au sommet du riser   (b) Température dans le régénérateur

Figure 4.19 – Commande OBMPC 3×2 : Variables commandées sans bruit

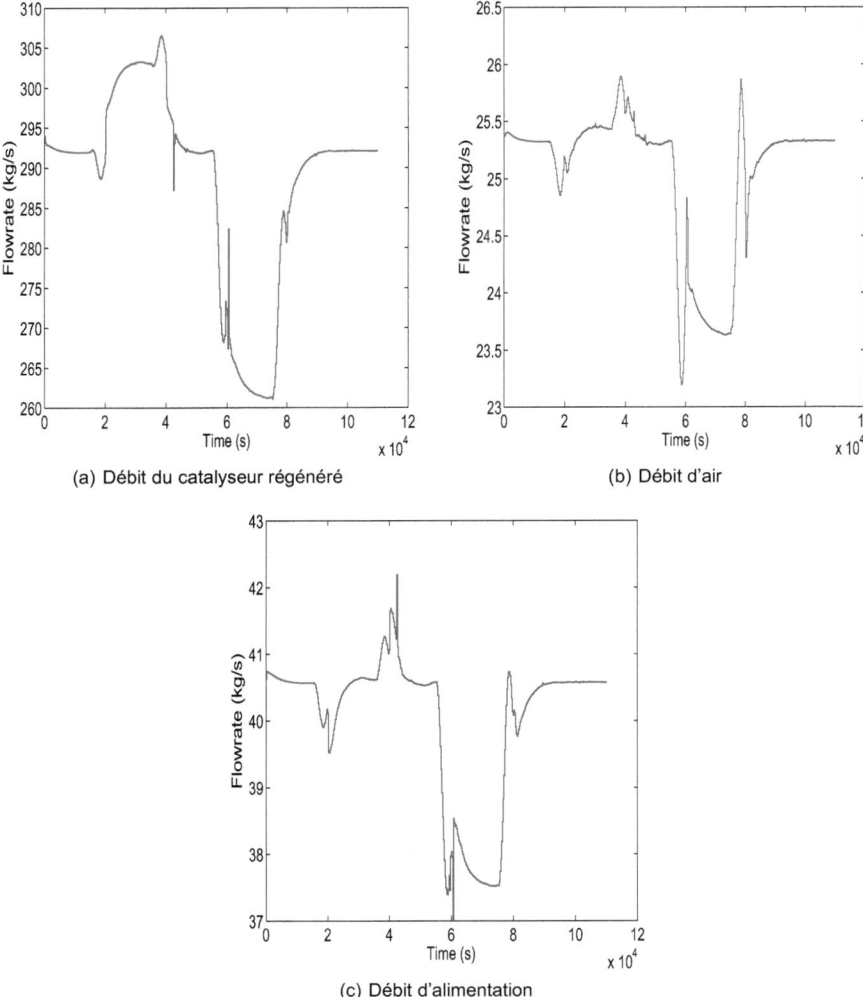

Figure 4.20 – Commande OBMPC 3×2 : Variables manipulées sans bruit

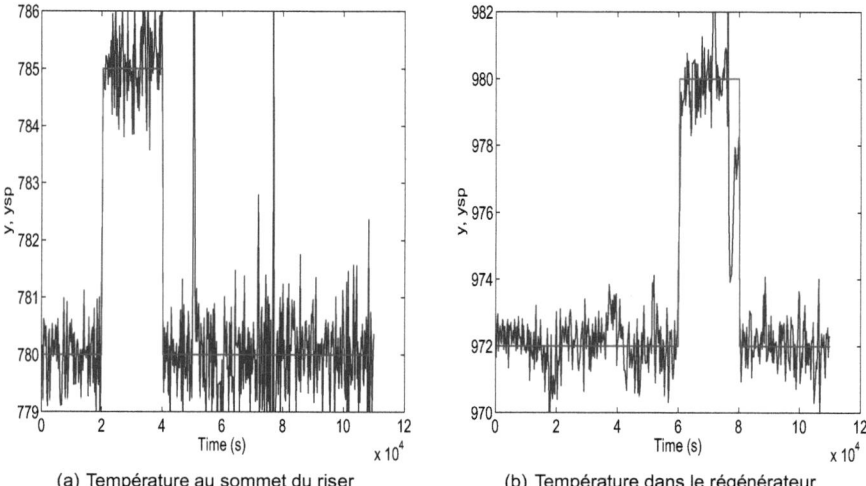

(a) Température au sommet du riser (b) Température dans le régénérateur

Figure 4.21 – Commande OBMPC 3×2 : Variables commandées avec bruit

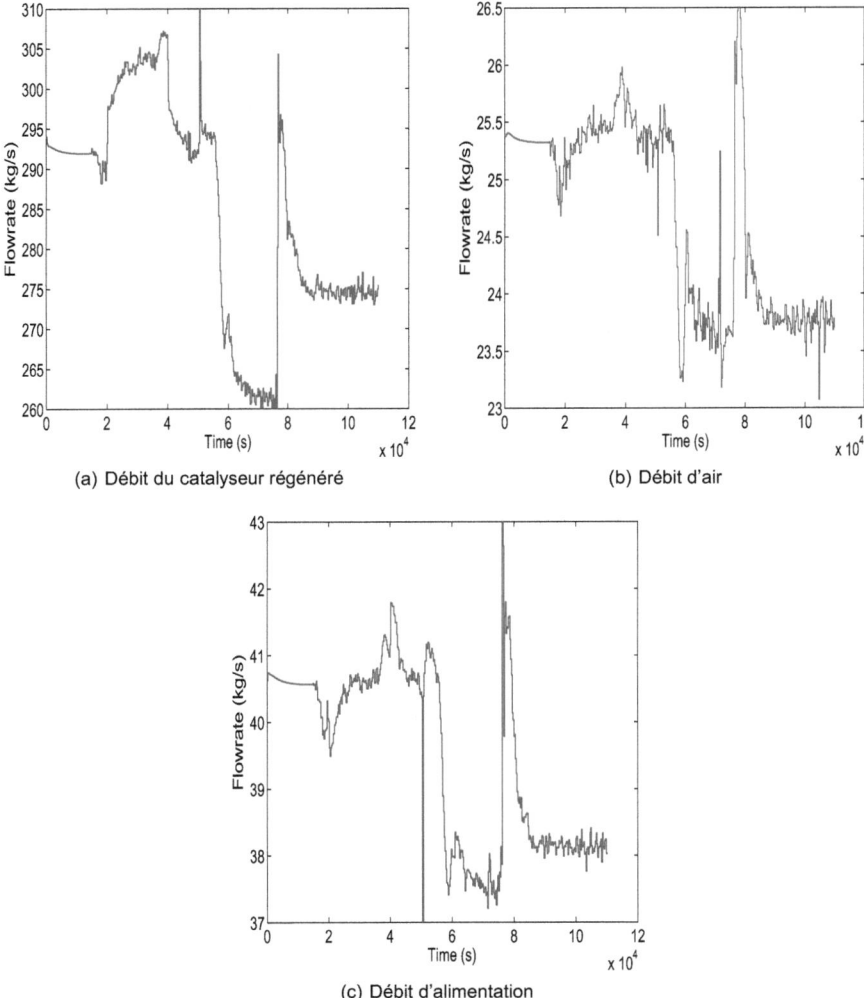

Figure 4.22 – Commande OBMPC 3×2 : Variables manipulées avec bruit

4.8 Réglage de la commande QDMC

Les résultats de simulations précédemment présentés ont tous été obtenus avec les mêmes paramètres de MPC. Or, le réglage de la commande du FCC est d'une importance critique pour l'obtention d'un comportement souhaité. Dans cette partie nous présenterons les influences des paramètres de la MPC sur les résultats de simulations et proposerons des solutions de réglages des dits paramètres par rapport à l'algorithme QDMC appliqué au FCC. Le Tableau 4.11 présente les différents cas de paramètres utilisés dans les simulations.

Tableau 4.11 – Paramètres de réglage de la MPC

	T_s	Horizon H_p	Horizon H_c	Contraintes Min-Max sur l'entrée 1	Contraintes Min-Max sur l'entrée 2	γ valeurs diagonales		$H_{p,low}$	
Cas 1	250s	60	3	[270,320]	[24,50]	10	10	1	1
Cas 2	250s	20	3	[270,320]	[24,50]	10	10	1	1
Cas 3	250s	60	3	[270,320]	[24,50]	10	10	15	15
Cas 4	250s	60	3	[270,320]	[24,50]	2	2	1	1
Cas 5	250s	60	3	[270,320]	[24,50]	2	2	15	15
Cas 6	250s	20	3	[270,320]	[24,50]	10	10	15	15
Cas 7	250s	20	3	[270,320]	[24,50]	2	2	15	15
Cas 8	250s	60	3	[270,320]	[24,50]	2	10	1	1
Cas 9	250s	60	3	[270,320]	[24,50]	2	10	15	15
Cas 10	250s	60	3	[270,320]	[24,50]	5	5	1	1
Cas 11	250s	60	3	[270,320]	[24,50]	5	5	1	1

Les notations du tableau 4.11 sont la période d'échantillonnage T_s, l'horizon de prédiction H_p, l'horizon de commande H_c, la valeur minimale de l'instant de prédiction $H_{p,low}$.

Le cas 1 (Figures 4.23 et 4.24) peut être considéré comme un cas de base pour les paramètres de réglage et toutes les comparaisons suivantes sont réalisées par rapport au cas 1 ou des cas dérivés. Le tableau 4.11 peut être considéré comme un plan d'expériences numérique. Toutefois, le réglage du cas 1 ne peut pas être considéré comme optimal car, pour cela, il faudrait définir un critère d'optimalité tel que des critères statistiques basés sur les écarts ou simplement la valeur du critère quadratique, à condition de considérer $H_{p,low} = 1$ dans tous les cas.

Dans le cas 2 (Figures 4.25 et 4.25), l'horizon de prédiction est diminué, ce qui diminue les oscillations lorsque des variations de consigne sont imposées. Les variables manipulées subissent moins de variations brutales.

Dans le cas 3 (Figures 4.27 et 4.27), la partie de performance du critère est modifiée comme :

$$J_{perf} = \sum_{i=H_{p,low}}^{H_p} (\hat{y}(k+i) - y^{ref}(k+i))^2 \qquad (4.11)$$

afin de tenir compte de la réponse inverse du système face à l'échelon de débit de catalyseur. En effet, en passant de $H_{p,low} = 1$ à $H_{p,low} = 15$, le système est considéré comme un système avec retard. On constate que les sorties sont considérablement lissées mais que la poursuite de consigne est fortement détériorée. En régulation, lorsque le temps devient élevée, les réponses restent très satisfaisantes.

Dans le cas 4 (Figures 4.29 et 4.29), le poids sur les sorties est diminué, donc on donne plus de poids à la partie énergie du critère par rapport à la performance. On s'attend à des réponses plus douces liées à des entrées manipulées plus douces, ce qui est effectivement le cas, toutefois la poursuite de consigne pour la température du riser particulièrement est moins bonne.

Dans le cas 5 (Figures 4.31 et 4.31) par rapport au cas 4, l'horizon minimal $H_{p,low} = 15$ est utilisé. La commande est très douce, mais on peut considérer que la poursuite de consigne est insuffisante.

Dans le cas 6 (Figures 4.33 et 4.33), on diminue l'horizon de prédiction et on utilise $H_{p,low} = 15$. Comme le poids sur les sorties reste élevé, les réponses sont assez satisfaisantes et douces avec un effet d'anticipation des changements de consigne un peu trop marqué.

Dans le cas 7 (Figures 4.35 et 4.35), par rapport au cas précédent on donne plus de poids à la partie énergie du critère, et les entrées sont adoucies par rapport au cas 6, toutefois la différence est faible.

Dans le cas 8 (Figures 4.37 et 4.37), à comparer au cas 1, le poids sur la température du régénérateur est plus élevé que sur la température en haut du riser, donc cette dernière devrait être moins bien suivie, ce qui est effectivement très nettement marqué à tel point qu'un déséquilibre fort et inacceptable parraraît entre les deux sorties.

Dans le cas 9 (Figures 4.39 et 4.39), à comparer au cas 8, l'horizon minimal $H_{p,low} = 15$ est utilisé, sans succès car des dépassements importants sont observés lors des changements de consignes.

Dans le cas 10 (Figures 4.41 et 4.41), par rapport au cas 1, les poids sur les sorties sont divisés par un facteur 2, et les sorties sont plus douces. Ce réglage pourrait être accepté.

Dans le cas 11 (Figures 4.43 et 4.43), au lieu de faire des échelons brutaux de consigne, un changement linéaire s'étalant surtout 12 périodes d'échantillonnage est effectué. Une trajectoire de référence est ainsi définie qu'il est plus facile de suivre qu'un échelon violent. La conséquence est que les oscillations visibles dans le cas 1 aux instants de changement de consigne sont pratiquement éliminées et la poursuite de consigne est excellente.

Une conclusion de ces différents réglages est que le filtrage de la consigne apporte une grande douceur dans ce cas difficile de commande, puisque les échelons de débit de catalyseur crée de fortes réponses inverses en plus d'un important effet algébrique. Il est important d'utiliser des poids plutôt élevés sur les sorties. L'utilisation de la borne inférieur de l'horizon de prédiction $H_{p,low}$ n'a pas eu l'effet désiré.

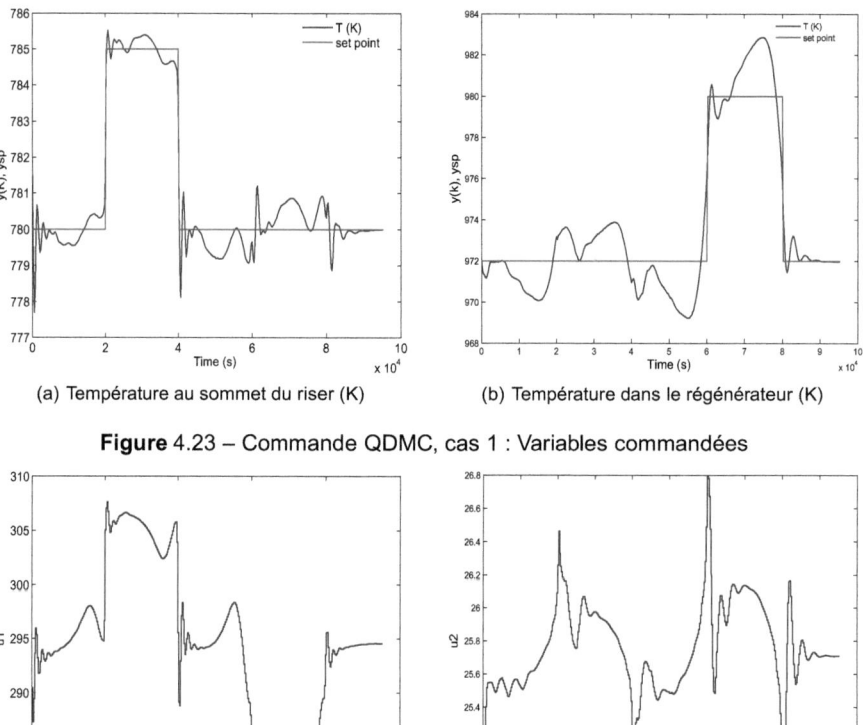

(a) Température au sommet du riser (K)   (b) Température dans le régénérateur (K)

Figure 4.23 – Commande QDMC, cas 1 : Variables commandées

(a) Débit catalyseur régénéré (kg.s^{-1})   (b) Débit d'air dans le régénérateur (kg.s^{-1})

Figure 4.24 – Commande QDMC, cas 1 : Variables manipulées

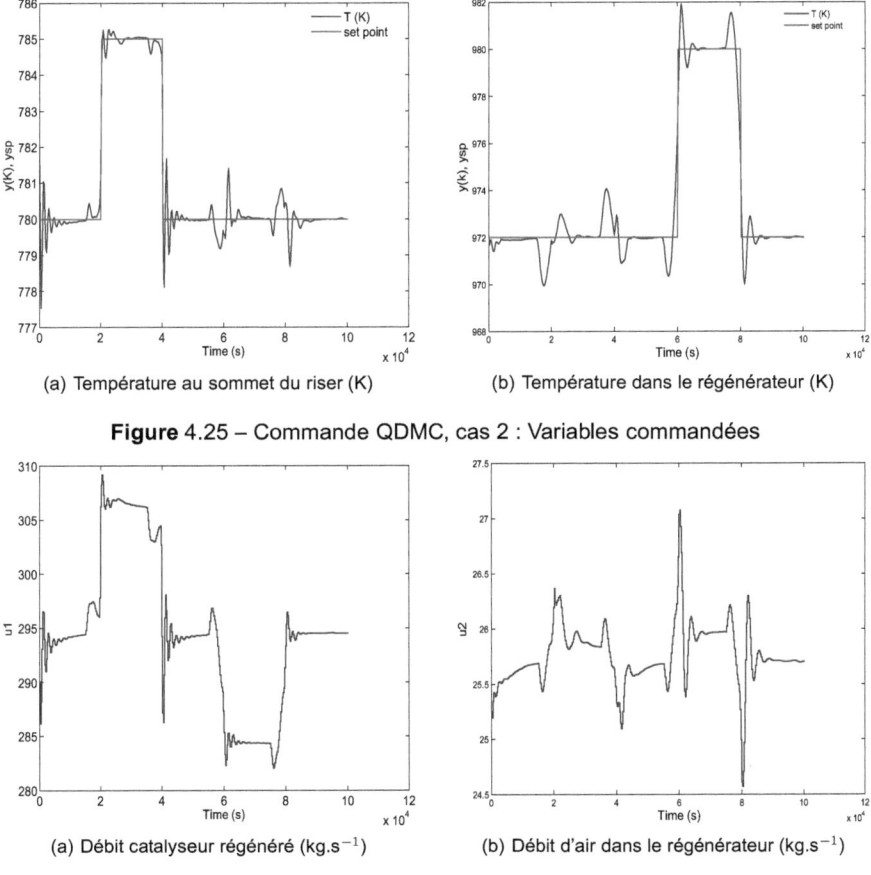

(a) Température au sommet du riser (K) (b) Température dans le régénérateur (K)

Figure 4.25 – Commande QDMC, cas 2 : Variables commandées

(a) Débit catalyseur régénéré (kg.s^{-1}) (b) Débit d'air dans le régénérateur (kg.s^{-1})

Figure 4.26 – Commande QDMC, cas 2 : Variables manipulées

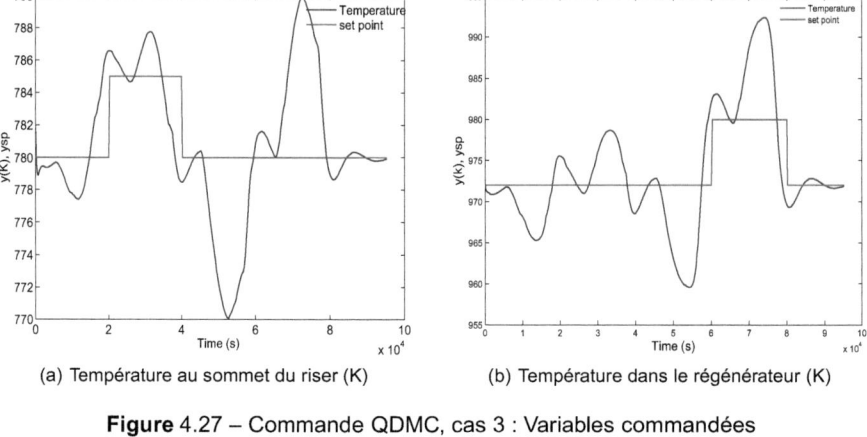

(a) Température au sommet du riser (K) (b) Température dans le régénérateur (K)

Figure 4.27 – Commande QDMC, cas 3 : Variables commandées

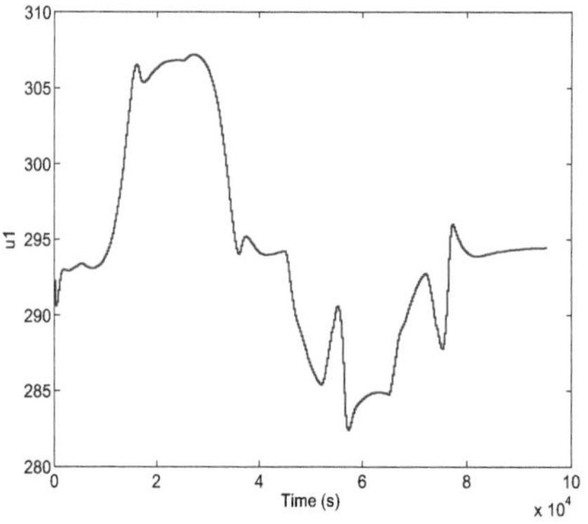

(a) Débit catalyseur régénéré (kg.s^{-1}) 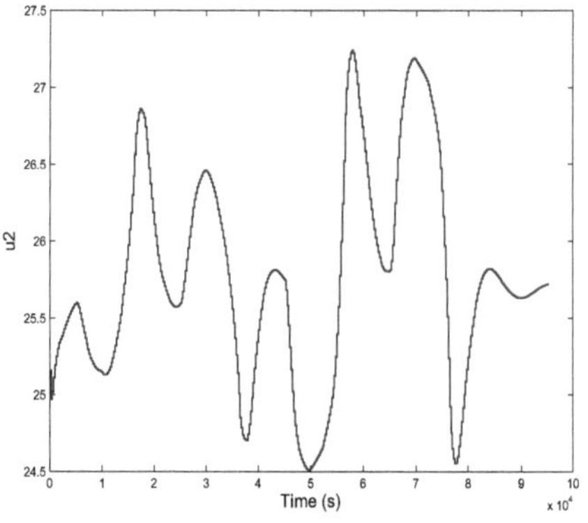 (b) Débit d'air dans le régénérateur (kg.s^{-1})

Figure 4.28 – Commande QDMC, cas 3 : Variables manipulées

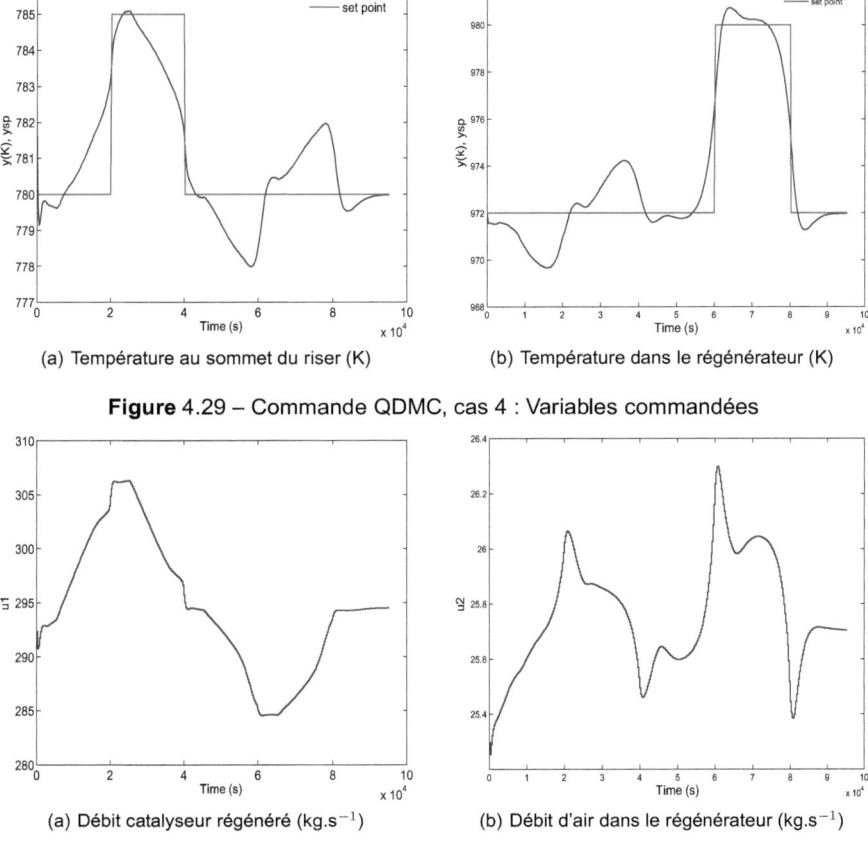

(a) Température au sommet du riser (K) (b) Température dans le régénérateur (K)

Figure 4.29 – Commande QDMC, cas 4 : Variables commandées

(a) Débit catalyseur régénéré (kg.s^{-1}) (b) Débit d'air dans le régénérateur (kg.s^{-1})

Figure 4.30 – Commande QDMC, cas 4 : Variables manipulées

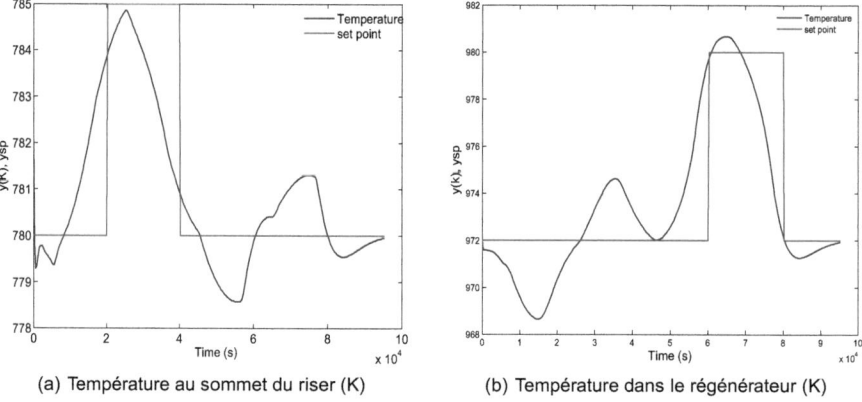

(a) Température au sommet du riser (K)   (b) Température dans le régénérateur (K)

Figure 4.31 – Commande QDMC, cas 5 : Variables commandées

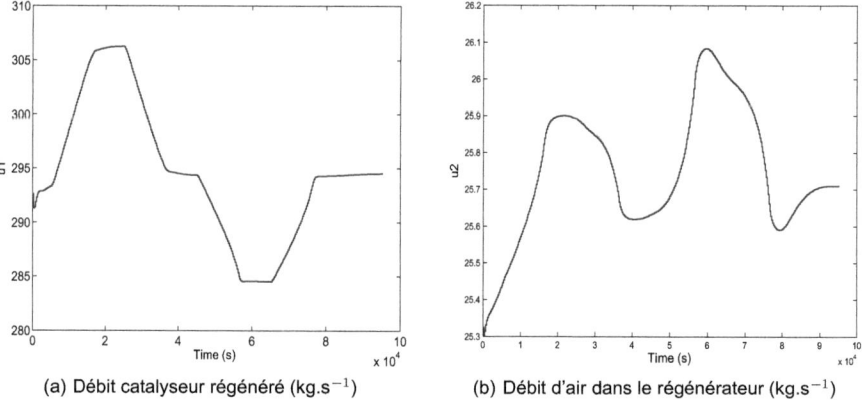

(a) Débit catalyseur régénéré (kg.s^{-1})   (b) Débit d'air dans le régénérateur (kg.s^{-1})

Figure 4.32 – Commande QDMC, cas 5 : Variables manipulées

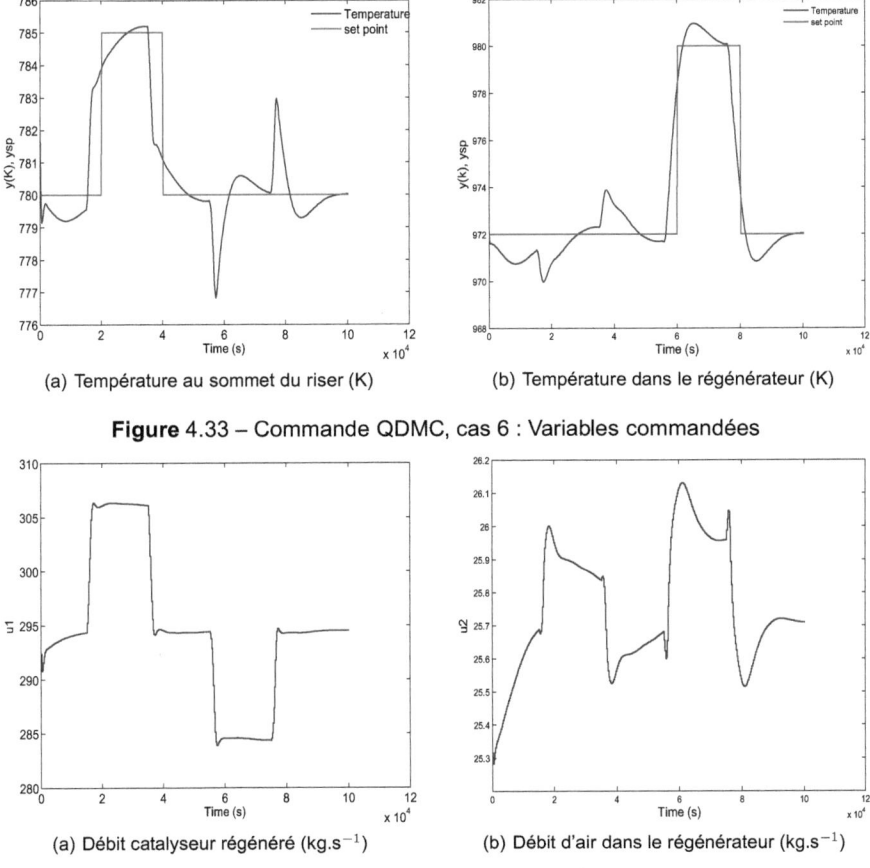

(a) Température au sommet du riser (K) (b) Température dans le régénérateur (K)

Figure 4.33 – Commande QDMC, cas 6 : Variables commandées

(a) Débit catalyseur régénéré (kg.s^{-1}) (b) Débit d'air dans le régénérateur (kg.s^{-1})

Figure 4.34 – Commande QDMC, cas 6 : Variables manipulées

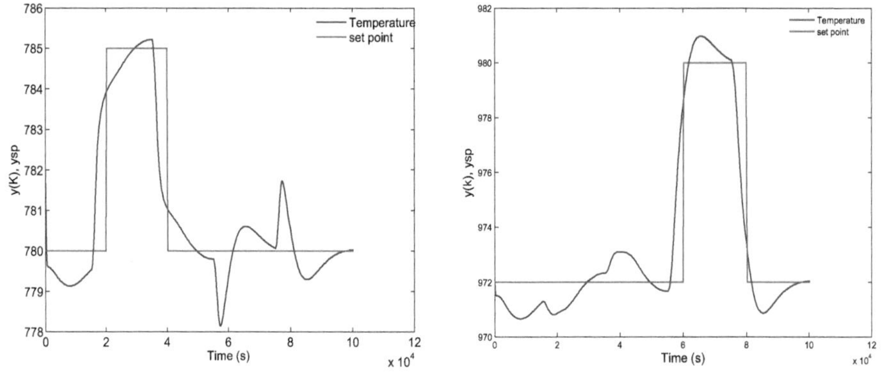

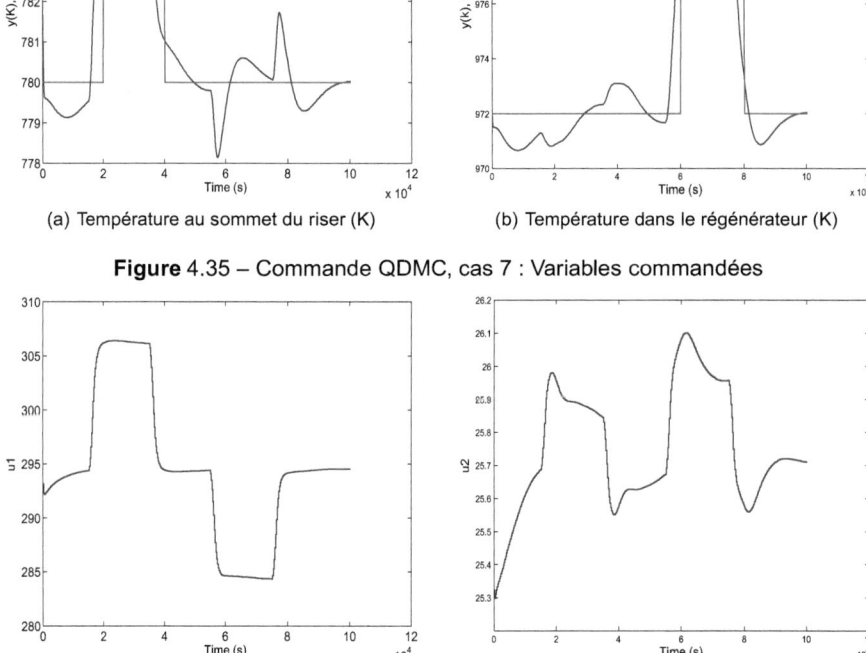

(a) Température au sommet du riser (K) (b) Température dans le régénérateur (K)

Figure 4.35 – Commande QDMC, cas 7 : Variables commandées

(a) Débit catalyseur régénéré (kg.s^{-1}) (b) Débit d'air dans le régénérateur (kg.s^{-1})

Figure 4.36 – Commande QDMC, cas 7 : Variables manipulées

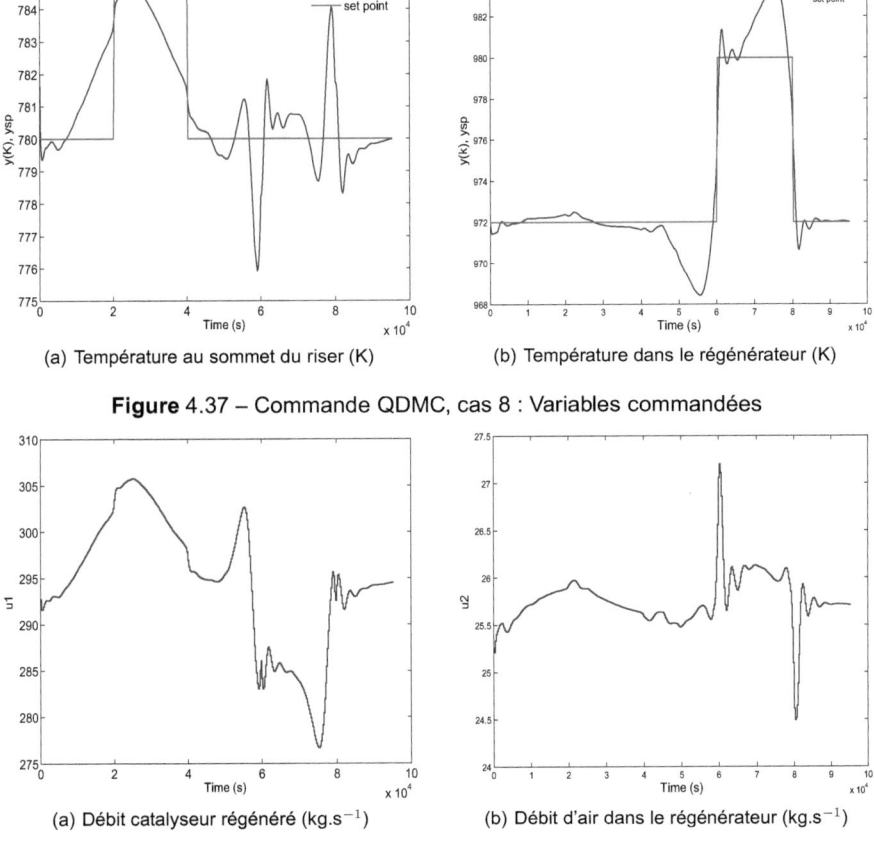

(a) Température au sommet du riser (K) (b) Température dans le régénérateur (K)

Figure 4.37 – Commande QDMC, cas 8 : Variables commandées

(a) Débit catalyseur régénéré (kg.s^{-1}) (b) Débit d'air dans le régénérateur (kg.s^{-1})

Figure 4.38 – Commande QDMC, cas 8 : Variables manipulées

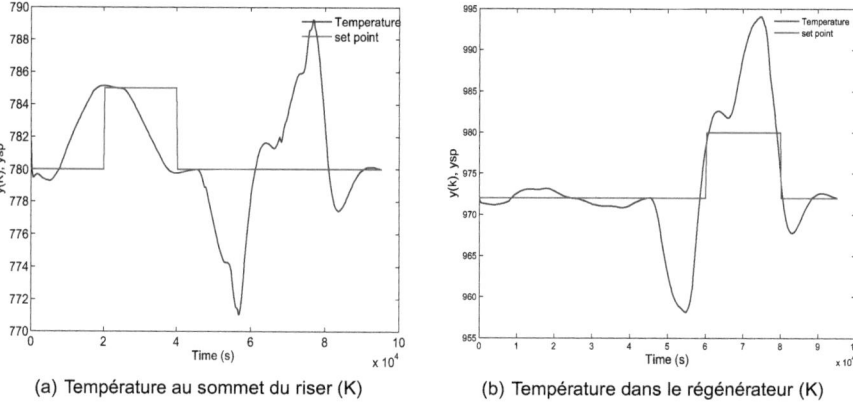

Figure 4.39 – Commande QDMC, cas 9 : Variables commandées

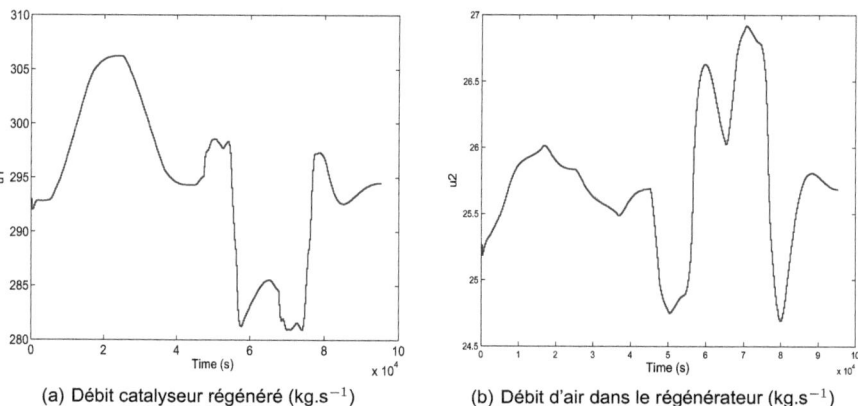

Figure 4.40 – Commande QDMC, cas 9 : Variables manipulées

Commande Prédictive d'un FCC

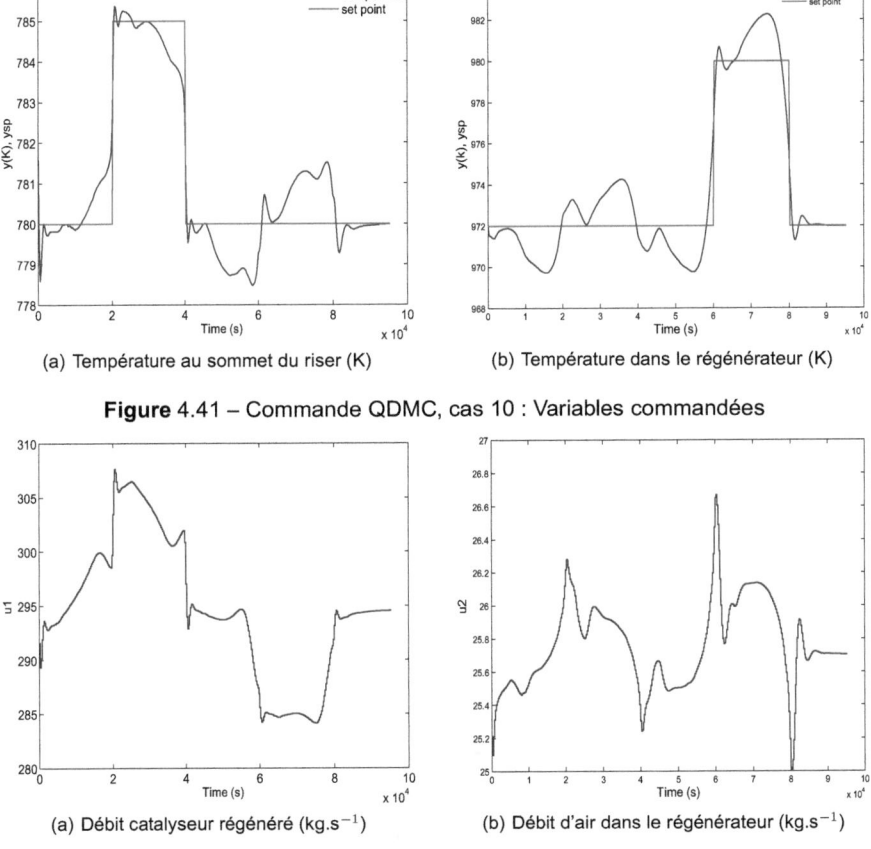

(a) Température au sommet du riser (K) (b) Température dans le régénérateur (K)

Figure 4.41 – Commande QDMC, cas 10 : Variables commandées

(a) Débit catalyseur régénéré (kg.s^{-1}) (b) Débit d'air dans le régénérateur (kg.s^{-1})

Figure 4.42 – Commande QDMC, cas 10 : Variables manipulées

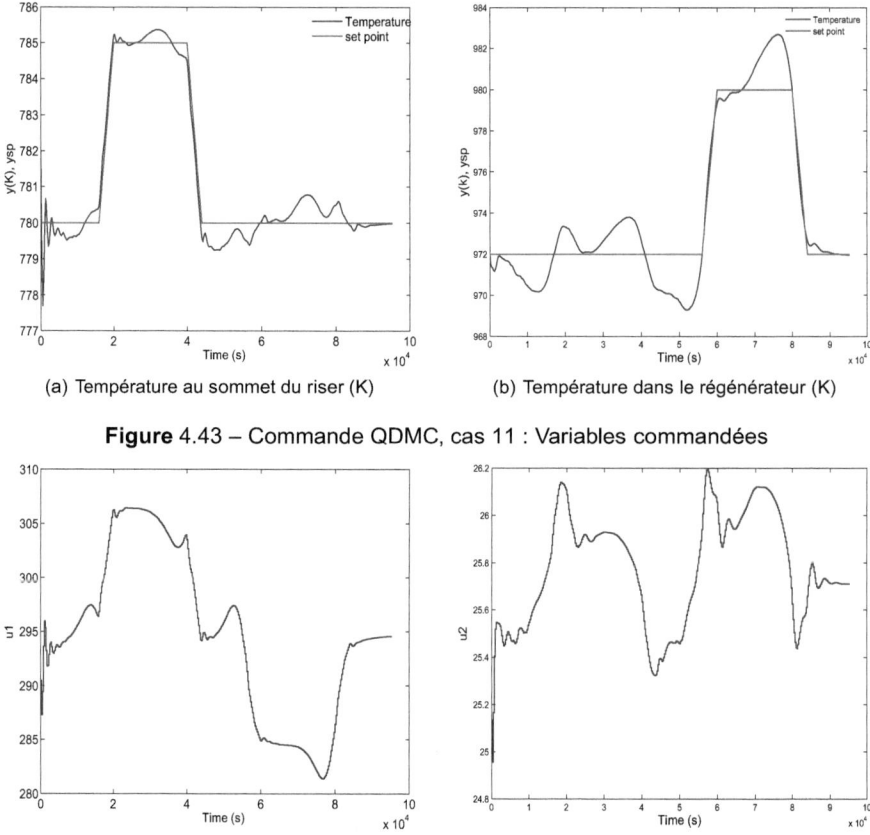

(a) Température au sommet du riser (K) (b) Température dans le régénérateur (K)

Figure 4.43 – Commande QDMC, cas 11 : Variables commandées

(a) Débit catalyseur régénéré (kg.s^{-1}) (b) Débit d'air dans le régénérateur (kg.s^{-1})

Figure 4.44 – Commande QDMC, cas 11 : Variables manipulées

4.9 Commande NMPC

L'algorithme de commande prédictive non linéaire que nous avons mis en œuvre consiste à intégrer à chaque période d'échantillonnage le modèle non linéaire du procédé sur l'horizon de prédiction, donc de l'instant actuel k à $k + H_p$. A partir du calcul des valeurs des états $x(k+i)$, $1 \leq i \leq H_p$, considérés comme les états prédits $\hat{x}(k+i)$, les sorties prédites $\hat{y}(k+i)$ sont déduites. Ces sorties sont directement utilisées dans le calcul du même critère que celui de la QDMC, ainsi le critère dépend non linéairement des entrées manipulées. Deux codes d'optimisation non linéaire ont été utilisés dans le programme Fortran90, NLPQL (Schittkowski, 1985) qui permet de prendre en compte n'importe quel type de contrainte d'égalité ou d'inégalité, linéaire ou non linéaire, et BFGS (Zhu et al., 1994) qui ne permet de gérer que les inégalités simples sur les variables d'optimisation, à savoir leurs bornes minimum et maximum. Les résultats présentés ont été obtenus avec le code BFGS (Zhu et al., 1994). Dans le processus d'optimisation, nous avons constaté qu'il est très difficile d'éviter les erreurs en particulier avec NLPQL qui fournit un indice de réussite ou d'échec de l'optimisation à chaque instant k. Ceci peut être dû au caractère fortement non linéaire du procédé. Pour chaque calcul du critère, les équations non linéaires doivent être intégrées. Ceci a pour conséquence un temps de calcul élevé, ce qui n'est pas adapté pour une commande en ligne, même avec un horizon de prédiction faible. Les grandes valeurs de l'horizon de prédiction $H_p = 20$ ont provoqué des erreurs d'optimiseur au cours de l'optimisation avec les conditions $H_c = 3$, $H_{p,low} = 1$, $\Gamma = 10$ et $\Lambda = 1$. Les résultats de ce cas sont présentés à la Figure 4.45, mais ces résultats ne peuvent être validés à cause de l'échec partiel de l'optimisation. L'échec partiel signifie qu'à certains instants k, l'indice fourni par l'optimiseur correspondant à un succès, à d'autres instants à un échec. On constate dans ce cas d'échec des variations fréquentes et fortes des variables d'optimisation, surtout le débit d'air dans le régénérateur.

Les meilleurs résultats ont été obtenus avec des petites valeurs des horizons de prédiction et de commande, typiquement $H_p = 3$, $H_c = 1$, $H_{p,low} = 1$, $\Gamma = 10$ et $\Lambda = 1$. La Figure 4.46 présente les résultats de la commande NMPC dans ce cas. Les variations des variables d'optimisation sont beaucoup plus douces que dans la Figure 4.45 qui correspondait à un échec d'optimisation. Toutefois, le temps de calcul dû à l'optimisation à chaque instant d'échantillonnage était encore très élevé dans ce cas.

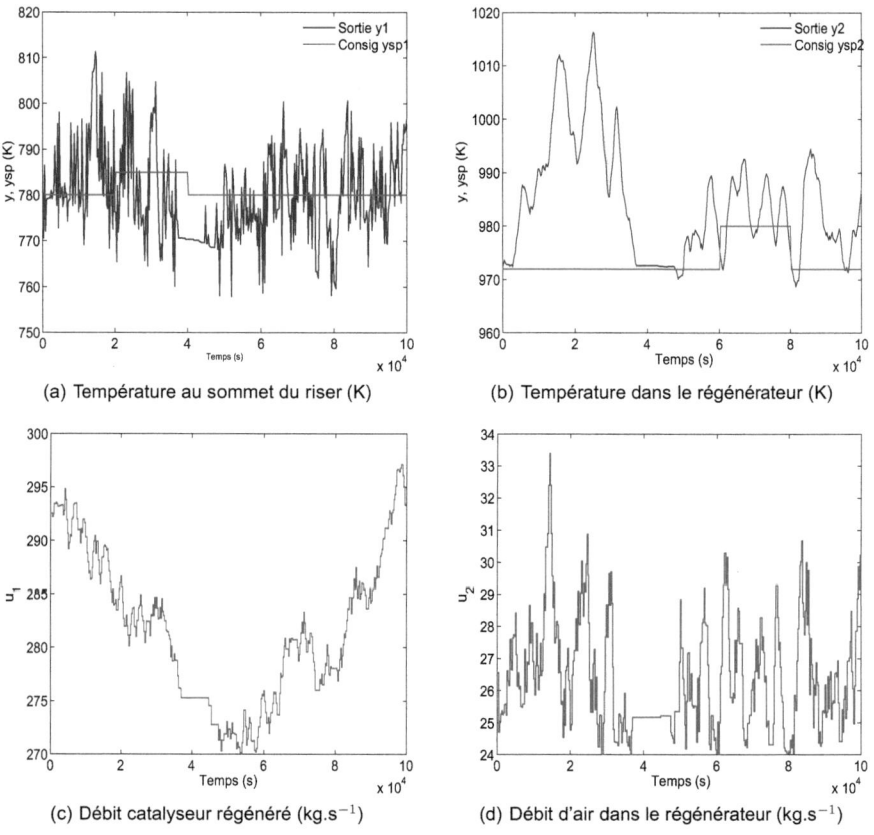

Figure 4.45 – Echec de la commande NMPC avec $H_p = 20$, $H_c = 3$ lié à l'échec de l'optimisation : Variables contrôlées et manipulées

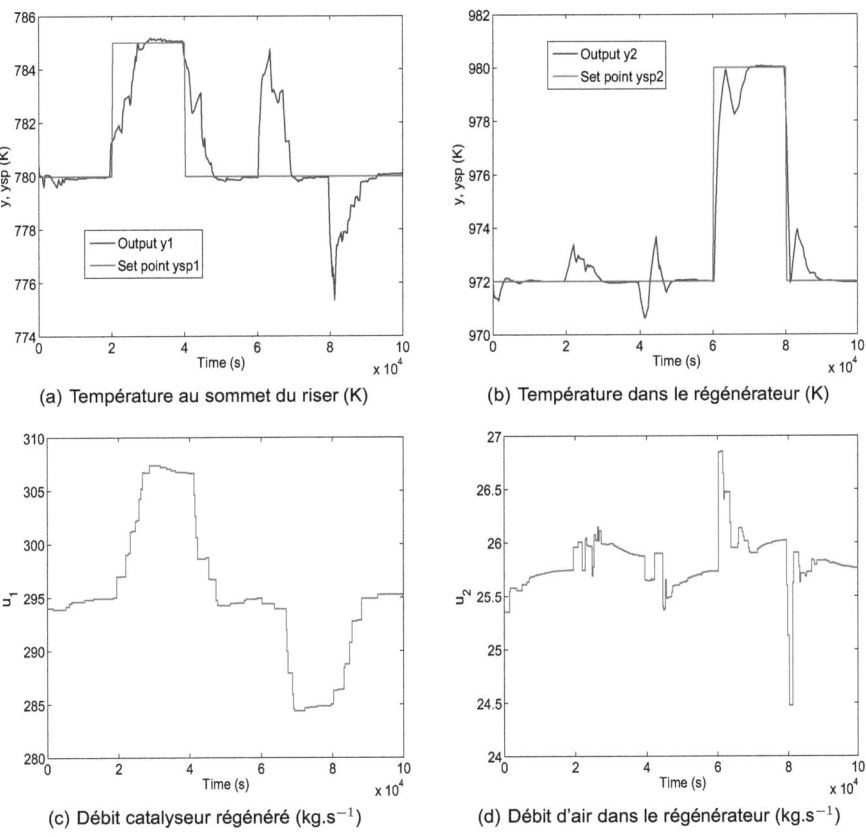

Figure 4.46 – Succès de la commande NMPC avec $H_p = 3$, $H_c = 1$: Variables contrôlées et manipulées

4.10 Conclusion

Tout au long de ce chapitre, nous avons mis en œuvre la commande prédictive pour contrôler les variables clés d'un craqueur catalytique à lit fluidisé. Nous avons démontré que le choix des variables manipulées et contrôlées était judicieux dans le cas d'une commande 2×2. Nous avons également testé une configuration de commande différente avec trois variables manipulées et deux variables contrôlées. Nous avons soumis le FCC à des perturbations et défauts pour mettre en évidence la robustesse de la commande MPC. Les résultats ont montré la puissance de cette commande dans la gestion de plusieurs variables d'entrées et de sorties et dans le suivi de consignes en fonctionnement normal comme en fonctionnement perturbé ou lors de l'apparition d'un défaut. Nous avons aussi mis en œuvre la commande prédictive non linéaire. Des résultats satisfaisants ont été obtenus seulement avec un faible horizon de prédiction mais le temps de calcul de l'algorithme d'optimisation fait que ce ne serait pas applicable en ligne. La commande QDMC offre des performances favorables avec des réglages différents et est donc facile à mettre en œuvre. La commande OBMPC permet un très bon suivi des consignes avec une grande douceur des entrées manipulées. Dans l'optique de la conduite et de la surveillance du procédé, l'on peut envisager de faire une estimation en ligne des paramètres difficilement accessibles à la mesure tout en commandant le procédé. Cela fera l'objet du chapitre suivant.

Chapitre 5

Observateurs d'état et estimation en ligne des paramètres du FCC

> Notre philosophie va consister à modéliser les phénomènes par les équations différentielles et ensuite faire une estimation des variables physiques qui satisfont aussi les équations différentielles.
>
> Richard Bucy (Bucy and Joseph, 1987)

5.1 Introduction

La commande des procédés nécessite en général la prise en compte des mesures effectuées par des capteurs industriels. Certaines mesures sont parfois difficiles à effectuer ou bien, dans certaines situations, on peut assister à un défaut de capteurs ce qui rend la mesure des variables internes d'un système erronée, voire impossible à réaliser.

Les techniques d'observation d'état permettent, à partir de la connaissance des entrées et des sorties d'un système, d'estimer ses variables d'état qui peuvent difficilement être accessibles à la mesure. La connaissance de l'état à chaque instant permet de commander, surveiller et diagnostiquer un système. Fort de cet outil, on peut continuer à piloter un système avec un minimum de capteurs physiques ou bien lors d'un défaut de certains capteurs. On peut aussi connaître l'état d'une variable difficilement accessible à la mesure.

Un observateur, ou estimateur d'état, encore appelé capteur logiciel, est un algorithme basé sur la connaissance du modèle décrivant le comportement du procédé et utilisant les mesures des entrées et sorties acquises sur le procédé par des capteurs physiques afin de reconstruire les mesures des états manquants.

Le but de ce chapitre est de faire une présentation des observateurs linéaires et non linéaires, de choisir un observateur pour l'estimation des paramètres du FCC et de l'utiliser pour l'estimation en ligne des paramètres clés de ce procédé.

Chapitre 5. Observateurs d'état et estimation en ligne des paramètres du FCC

5.2   Historique des observateurs

L'histoire des observateurs est assez récente (Corriou, 2003, 2012). En 1964, Luenberger avait publié un article sur l'observation des variables d'état dans les systèmes linéaires (Luenberger, 1964) qui faisait suite à la description mathématique par Kalman des systèmes linéaires dans l'espace d'état (Kalman, 1963).

Dans la famille des observateurs, on trouve deux grandes catégories à savoir les observateurs en boucle ouverte et les observateurs en boucle fermée. Il existe aussi d'autres observateurs plus complexes comme l'observateur minimal, l'observateur à entrée inconnue, et l'observateur non linéaire.

Les avancées ont conduit aux filtres optimaux comme le filtre de Kalman qui a la même structure que l'observateur en boucle fermée.

Parmi les observateurs les plus répandus, nous trouvons dans la littérature l'observateur de Luenberger et l'observateur de Kalman. Ces deux types d'observateurs sont conçus pour les modèles linéaires. Pour les modèles non linéaires, on trouve le filtre de Kalman étendu.

5.3   Observateurs des systèmes linéaires et non linéaires

5.3.1   Principe d'un observateur

Un observateur (Luenberger, 1966) est un algorithme qui utilise certaines informations sur le procédé et délivre à chaque instant une estimation de l'état entier ou partiel du procédé (Corriou, 2003, 2012). Les informations issues du procédé sont de deux natures : les mesures des entrées et les mesures des sorties. L'estimateur est développé à partir d'un modèle dynamique linéaire ou non linéaire du procédé.

5.3.2   Observateur de Luenberger

Considérons le système linéaire décrit par la représentation d'état :

$$\begin{cases} \dot{x}(t) = Ax(t) + Bu(t) \\ y(t) = Cx(t) \end{cases}$$

$x(t)$ représente l'état du système, $u(t)$ et $y(t)$ sont les entrées et les sorties mesurées ; le système est supposé observable. Un observateur de Luenberger (Luenberger, 1966), (Luenberger, 1971) est décrit par le système dynamique suivant :

$$\dot{\hat{x}}(t) = A\hat{x}(t) + Bu(t) + K(y(t) - C\hat{x}(t)) \tag{5.1}$$

où $\hat{x}$ est l'estimation de l'état $x(t)$ et $y(t)$ est la mesure. La réponse dynamique est déterminée par la matrice $A - KC$ dont les valeurs propres peuvent être fixées par l'utilisateur. Le gain de l'observateur K sera choisi de telle sorte que les valeurs propres de la matrice $A - KC$ soient à partie réelle négative afin d'assurer la stabilité de l'observateur.

Commande Prédictive d'un FCC

5.3.3 Filtre de Kalman linéaire discret-discret

On considère un système dynamique linéaire stochastique décrit par les équations :

$$\begin{aligned} x_{k+1} &= A_k x_k + B_k u_k + G_k w_k \\ y_k &= C_k x_k + v_k \end{aligned} \tag{5.2}$$

où w_k et v_k sont des bruits blancs, respectivement du procédé et de mesure, dont les matrices de covariance Q_k et R_k sont supposées connues :

$$\begin{aligned} E[w_k\, w_j^T] &= Q_k\, \delta_{kl} \\ E[v_k\, v_l^T] &= R_k\, \delta_{kl} \\ E[v_k\, w_l^T] &= S_k\, \delta_{kl} \end{aligned} \tag{5.3}$$

δ_{kl} est le symbole de Kronecker tel que $\delta_{kl} = 0$ si $k \neq l$ et $\delta_{kl} = 1$ si $k = l$. On suppose que les bruits de mesure et les bruits de procédés sont non corrélés, dans ce cas $S_k = 0$. L'état initial du système x_0 doit être spécifié et est tel que :

$$\mathsf{E}[(\tilde{x}_0)(\tilde{x}_0)^T] = P_0 \tag{5.4}$$

avec $\tilde{x} = x - \mathsf{E}(x)$. La matrice P_0 est définie positive. L'objectif poursuivi est d'estimer l'état x_{k+1} basé sur la connaissance de la dynamique du système et de la disponibilité des mesures bruitées y_k. Le filtre de Kalman permet de calculer la prédiction des états $x(t)$ et des sorties $y(t)$ à des instants k discrets selon l'équation :

$$\begin{cases} \hat{x}_{k+1} &= A_k\, \hat{x}_k + B_k\, u_k + K_k\, [y_k - C_k\, \hat{x}_k] \\ \hat{y}_k &= C_k\, \hat{x}_k \end{cases}$$

où K_k est la matrice de gain de Kalman, y_k est la mesure réelle effectuée à l'instant k. L'algorithme du filtre de Kalman se présente comme suit :

- Étape de prédiction :

$$\begin{aligned} \hat{x}_{k+1|k} &= A_k\, \hat{x}_{k|k} + B_k\, u_k \\ P_{k+1|k} &= A_k\, P_{k|k}\, A_k^T + G_k\, Q_k\, G_k^T \end{aligned} \tag{5.5}$$

- Étape de correction :

$$\begin{aligned} \hat{x}_{k+1|k+1} &= \hat{x}_{k+1|k} + K_{k+1}(y_{k+1} - C_{k+1}\hat{x}_{k+1|k}) \\ P_{k+1|k+1} &= (I - K_{k+1}C_{k+1})P_{k+1|k}(I - K_{k+1}C_{k+1})^T + K_{k+1}R_{k+1}K_{k+1}^T \end{aligned} \tag{5.6}$$

La matrice de gain K est calculée de façon à minimiser le critère :

$$\mathrm{trace}(P_{k|k}) \tag{5.7}$$

La matrice de covariance de l'erreur filtrée est donnée par :

$$P_{k|k} = (I - K_k\, C_k)\, P_{k|k-1} \tag{5.8}$$

La minimisation de ce critère fournit le gain optimal de Kalman K qui peut s'écrire sous la forme :

$$K_k = P_{k|k} C_k^T R_k^{-1} \qquad (5.9)$$

L'implémentation du filtre de Kalman discret pour l'estimation d'état (Brown and Hwang, 1997) peut se faire selon l'algorithme suivant :
- Étape de prédiction :

$$\begin{aligned} \hat{x}_{k+1|k} &= A_k \hat{x}_{k|k} + B_k u_k & ; & \quad \hat{x}_{0|0} = \hat{x}_0 \\ P_{k+1|k} &= A_k P_{k|k} A_k^T + G_k Q_k G_k^T & ; & \quad \hat{P}_{0|0} = \hat{P}_0 \end{aligned} \qquad (5.10)$$

- Calcul du gain optimal :

$$K_{k+1} = P_{k+1|k} C_{k+1}^T [C_{k+1} P_{k+1|k} C_{k+1}^T + R_{k+1}]^{-1} \qquad (5.11)$$

- Correction :

$$\begin{aligned} \hat{x}_{k+1|k+1} &= \hat{x}_{k+1|k} + K_{k+1}(y_{k+1} - C_{k+1}\hat{x}_{k+1|k}) \\ P_{k+1|k+1} &= (I - K_{k+1}C_{k+1})P_{k+1|k} \end{aligned} \qquad (5.12)$$

où y_{k+1} sont les mesures effectuées. Dans le cas d'un modèle stationnaire, les matrices A_k, B_k, et C_k sont constantes. Par contre, dans le cas d'un modèle non linéaire (extension du filtre de Kalman linéaire au cas non linéaire), elles résultent du jacobien du modèle au point de fonctionnement (x_k, u_k) et, de ce fait, dépendent de l'instant considéré.

5.3.4 Filtre de Kalman à temps continu linéarisé

Soit le système non linéaire (Simon, 2006) donné par :

$$\begin{aligned} \dot{x}(t) &= f(x, u, w, t) \\ y &= h(x, v, t) \end{aligned}$$

Le bruit du procédé w et le bruit des mesures v sont blancs, de moyenne nulle, non corrélés et de matrices de covariance respectives Q et R.

La trajectoire nominale (en considérant les bruits w et v nuls) est connue d'avance :

$$\begin{aligned} \dot{x}_0 &= f(x_0, u_0, 0, t) \\ y_0 &= h(x_0, 0, t) \end{aligned}$$

L'algorithme du filtre de Kalman à temps continu linéarisé se présente comme suit :
- Linéarisation du système autour des valeurs nominales de la trajectoire :

$$\begin{aligned} A &= \left(\frac{\partial f}{\partial x}\right)_0 & ; & \quad L = \left(\frac{\partial f}{\partial w}\right)_0 \\ C &= \left(\frac{\partial h}{\partial x}\right)_0 & ; & \quad M = \left(\frac{\partial h}{\partial v}\right)_0 \end{aligned} \qquad (5.13)$$

- Calcul des matrices $\tilde{Q}$ et $\tilde{R}$:

Commande Prédictive d'un FCC

$$\tilde{Q} = L\,Q\,L^T$$
$$\tilde{R} = M\,R\,M^T \qquad (5.14)$$

- Définir Δy comme étant la différence entre les mesures réelles et les valeurs nominales des mesures :

$$\Delta y = y - y_0 \qquad (5.15)$$

- Résoudre les équations du filtre de Kalman suivantes :

$$\begin{aligned}
\Delta \hat{x}(0) &= 0 \\
P &= E[(\Delta x(0) - \Delta \hat{x(0)})(\Delta x(0) - \Delta \hat{x(0)})^T] \\
\Delta \dot{\hat{x}} &= A\Delta \hat{x} + K(\Delta y - C\Delta \hat{x}) \\
K &= PC^T \tilde{R}^{-1} \\
\dot{P} &= AP + PA^T + \tilde{Q} - PC^T \tilde{R}^{-1} CP \\
\hat{x} &= x_0 + \Delta \hat{x}
\end{aligned} \qquad (5.16)$$

- Estimer l'état :

$$\hat{x} = x_0 + \Delta \hat{x} \qquad (5.17)$$

Dans ce filtre, on suppose que la commande $u(t)$ est parfaitement connue et que $u_0(t)=u(t)$ avec $\Delta u(t) = 0$, ce qui dans la réalité n'est pas le cas à cause des préactionneurs et capteurs qui peuvent être bruités ou présenter des offsets.

5.3.5 Filtre de Kalman étendu continu-discret

L'algorithme présenté précédemment est utilisé pour estimer les états d'un système non linéaire. Les dérivées sont obtenues en linéarisant le système autour de la trajectoire nominale de l'état. Cependant, dans certains cas, la trajectoire nominale de l'état n'est pas connue, mais, puisque le filtre de Kalman donne une estimation des états du systèmes, nous pouvons utiliser les estimations du filtre de Kalman comme trajectoire nominale de l'état. Le système non linéaire est alors linéarisé autour des estimation du filtre de Kalman, et l'estimation du filtre de Kalman est basée sur le système linéarisé. C'est l'idée qui sous-tend le filtre étendu de Kalman qui fut proposé à l'origine par Stanley Schmidt (Bellantoni and Dodge, 1967). Nous nous intéresserons au filtre de Kalman étendu continu-discret qui concerne les systèmes avec des dynamiques continues et des mesures discrètes, ce qui est le cas le plus rencontré en pratique. Selon (Crassidis and Junkins, 2004), le filtre de Kalman étendu est la méthode la plus populaire pour l'estimation des systèmes non linéaires.

Soit le système en temps continu avec des mesures discrètes décrit par les équations suivantes (Corriou, 2003) :
L'équation d'état est représentée par :

$$\dot{x}(t) = f(x, u, \theta, t) + w(t) \qquad (5.18)$$

L'équation des sorties est représentée par :

$$z_k = h(x_k) + v_k \qquad (5.19)$$

w est un bruit gaussien de moyenne nulle de matrice de covariance Q. Les sorties mesurées sont représentées par z_k où v_k est un bruit blanc gaussien de moyenne nulle, discret, de matrice de covariance R_k. Les matrices de covariance des bruits Q et R_k sont supposées diagonales. Dans cette description, le modèle est en temps continu mais les mesures sont réalisées de façon discrète, à des instants notés k, qui sont en général réguliers mais pas nécessairement. Il s'agit ici d'estimer à l'instant k les états mesurés en utilisant les mesures réalisées à l'instant $k-1$. L'algorithme se présente donc en deux phases :

1. Propagation de l'estimation d'état et de la covariance de l'erreur :

    Les équations différentielles (5.20) décrivant la variation du vecteur d'état x et de la matrice de covariance de l'erreur P sont intégrées sur l'intervalle de temps $[k-1, k]$ pour obtenir une prédiction alors que la mesure z_k n'a pas encore été réalisée. Les prédictions de $x(t_k)$ et $P(t_k)$ sont notées respectivement $\hat{x}_k(-)$ et $P_k(-)$.

$$\dot{\hat{x}} = f(\hat{x}, u, t)$$
$$\dot{P} = AP + PA^T + Q \tag{5.20}$$

    où A est la matrice jacobienne de f :

$$A = \left(\frac{\partial f}{\partial x}\right)_{\hat{x}} \tag{5.21}$$

2. Mise à jour de l'estimation de l'état et de la covariance de l'erreur :

    A chaque instant de mesure t_k, nous mettons à jour l'estimation de l'état et la covariance. Les estimations ainsi corrigées sont notées $\hat{x}(+)$ et $P_k(+)$, selon :

$$\hat{x}(+) = \hat{x}_k(-) + K_k[z_k - h(\hat{x}_k(-))] \tag{5.22}$$

$$P_k(+) = [I - K_k H_k(\hat{x}_k(-))]P_k(-) \tag{5.23}$$

    où H_k est la matrice jacobienne de h :

$$H_k(\hat{x}_k(-)) = \left(\frac{\partial h}{\partial x}\right)_{\hat{x}(-)} \tag{5.24}$$

La matrice de gain de Kalman est égale

$$K_k = P_k(-)H_k^T(\hat{x}_k(-))[H_k(\hat{x}_k(-))P_k(-)H_k^T(\hat{x}_k(-)) + R_k]^{-1} \tag{5.25}$$

Le filtre de Kalman étendu présente quelques inconvénients :
- P étant une approximation de la vraie matrice de covariance, la performance du filtre de Kalman étendu ne peut être garantie et sa stabilité n'est pas prouvée.
- Les équations du filtre de Kalman étendu supposent que le modèle du procédé est exact. Donc aucune robustesse n'est assurée contre les erreurs de modélisation.
- Le filtre de Kalman étendu peut mener à des erreurs d'estimation importantes lorsque le système est fortement non linéaire ou lorsque les états ne suivent pas des lois de probabilité gaussienne.

5.3.6 Estimateur d'état à horizon glissant

Le filtre de Kalman est l'estimateur d'état optimal pour des systèmes linéaires sans contrainte avec des bruits qui affectent les états et les mesures. Or de multiples systèmes industriels sont non linéaires et leur fonctionnement doit respecter certaines contraintes sur les états, les sorties. L'estimation à horizon glissant permettant d'estimer les états, tout en tenant compte des contraintes, constitue une très bonne alternative.

L'idée de cette méthode consiste à minimiser un critère sur une fenêtre de temps d'un instant antérieur jusqu'à l'instant courant, celle-ci étant déplacée à chaque période d'échantillonnage. Le critère est calculé à partir des mesures et de leur simulation. Le critère est une mesure de la différence entre les sorties simulées et les sorties réelles.

Cet estimateur a été étudié par de nombreux chercheurs (Alamir, 1999; Kwon et al., 1999; Michalska and Mayne, 1995; Rao et al., 2001, 2003; Zimmer, 1994). (Haseltine and Rawlings, 2005) ont comparé le filtre de Kalman étendu et l'estimateur à horizon glissant. Par des exemples, ils montrent l'incapacité du filtre de Kalman étendu à gérer les contraintes.

Les estimations totales et mobiles de l'état suivent plus ou moins les mêmes principes. La différence entre l'estimation totale de l'état et l'estimation mobile de l'état réside dans la gestion des variables. Dans l'estimation totale de l'état, toutes les variables sont nécessaires et utilisées dans le calcul. Par contre, dans l'estimation mobile de l'état avec un horizon H, seules les variables concernées sont nécessaires et utilisées dans le calcul.

Supposons dans un premier temps que le procédé soit représenté par le modèle en temps continu suivant :

$$\dot{x} = f(x(t), u(t)) + \boldsymbol{G} w(t) \tag{5.26}$$

où w est un bruit gaussien de moyenne nulle. Les sorties mesurées y sont décrites par le modèle en temps discret :

$$y_k = h(x_k) + v_k \tag{5.27}$$

où v_k est un bruit gaussien de moyenne nulle. Le modèle continu non linéaire (5.26) est approximé par le modèle linéaire discret :

$$x_{k+1} = \boldsymbol{A} x_k + \boldsymbol{B} u_k + \boldsymbol{G} w_k \tag{5.28}$$

où A et B sont les matrices jacobiennes de f par rapport à x_k et u_k respectivement. Le modèle de mesure est linéarisé selon :

$$y_{k+1} = \boldsymbol{C} x_{k+1} + v_{k+1} \tag{5.29}$$

où C est la matrice Jacobienne de h par rapport à x_k.

Le critère :

$$J_k = (x_0 - \hat{x}_0)^T \Pi_0^{-1} (x_0 - \hat{x}_0) + \sum_{i=0}^{k-1} (v_{i+1}^T R^{-1} v_{i+1} + w_i^T Q^{-1} w_i) \tag{5.30}$$

est minimisé par rapport à l'état initial x_0 et à la suite des bruits $\{w_0, ..., w_{k-1}\}$ puis les états $\hat{x}_i$ sont obtenus au moyen de l'équation (5.28). Les matrices de pondération Q^{-1}, R^{-1} et Π_0^{-1} symbolisent respectivement la confiance que l'on a dans le modèle dynamique, les mesures et l'estimation initiale. Un des problèmes de l'estimation totale de l'état est que la taille du problème d'optimisation augmente avec le temps, ce qui risque fortement d'entraîner un échec dans l'optimisation ou pose des problèmes de commande en temps réel. La solution à cette taille toujours croissante est de poser le problème sous forme de fenêtre.

Considérons le problème de l'estimation mobile de l'état. Le critère (5.30) est partagé en deux parties (Rao et al., 2001; Robertson et al., 1996) :

$$J_k = J_{k-H} + \sum_{i=k-H}^{k-1} (v_{i+1}^T R^{-1} v_{i+1} + w_i^T Q^{-1} w_i) = J_{k-H} + J^{mhe} \tag{5.31}$$

La seconde partie J^{mhe} du critère (5.31) dépend de l'état x_{k-H} et de la suite des bruits $\{w_{k-H}, \ldots, w_{k-1}\}$. Supposons que $K > H$ et posons le critère optimisé :

$$J_{k-H}^* = \min_{x_0,\, w_0,\, \ldots,\, w_{k-H-1}} J_{k-H} \tag{5.32}$$

si bien le critère optimisé complet devient :

$$\begin{aligned} J_k^* &= \min_{x_0,\, w_0,\, \ldots,\, w_{k-H-1}} J_{k-H} \\ &= \min_{z,\, w_{k-H},\, \ldots,\, w_{k-1}} \left[\sum_{i=0}^{k-1} (v_{i+1}^T R^{-1} v_{i+1} + w_i^T Q^{-1} w_i) \right] + J_{k-H}^*(z) \end{aligned} \tag{5.33}$$

où z est l'état d'arrivée x_{k-H} basé sur les variables optimisées x_0 et $\{w_{k-H}^*, \ldots, w_{k-H-1}^*\}$

En pratique réelle, il n'est pas possible de minimiser réellement $J_{k-H}(z)$ lorsque k devient grand car cela reviendrait à nouveau à traiter un problème d'optimisation totale. La solution consiste à retenir les valeurs précédentes du critère optimisé J_k^* obtenu par estimation à horizon mobile, noté comme $J_k^{mhe}(z)$ au temps k et approximer $J_{k-H}(z)$ comme étant :

$$J_{k-H}(z) \approx (z - \hat{x}_{k-H}^{mhe})^T \Pi_{k-H}^{-1} (z - \hat{x}_{k-H}^{mhe}) + J_{k-H}^{mhe}(z) \tag{5.34}$$

où $\hat{x}_{k-H}^{mhe}$ est l'état estimé par l'estimation à horizon glissant à l'instant $(k - H)$. Selon ces hypothèses, le critère (5.31) devient :

$$J_k = \sum_{i=k-H}^{k-1} (v_{i+1}^T R^{-1} v_{i+1} + w_i^T Q^{-1} w_i) + (z - \hat{x}_{k-H}^{mhe})^T \Pi_{k-H}^{-1} (z - \hat{x}_{k-H}^{mhe}) + J_{k-H}^{mhe}(z) \tag{5.35}$$

L'équation de Riccati discrète utilisée pour mettre en œuvre la matrice de covariance du filtre de Kalman est appelée pour mettre à jour Π_k :

$$\Pi_k = A\,\Pi_{k-1}\,A^T + G\,Q\,G^T - A\,\Pi_{k-1}\,C^T \left[C\,\Pi_{k-1}\,C^T + R \right]^{-1} C\,\Pi_{k-1}^T\,A^T \tag{5.36}$$

avec Π_0 donné.

L'algorithme de l'estimation mobile de l'état est décrit par l'organigramme de la figure (5.1).

5.3.7 Observateur à grand gain

L'observateur à grand gain décrit par (Gauthier and Kupka, 1992, 2001; Gauthier et al., 1992) est une sorte d'observateur de Luenberger ou de type Kalman étendu, il peut être continu-continu ou continu-discret. Selon (Gauthier and Kupka, 2001), l'observateur à grand

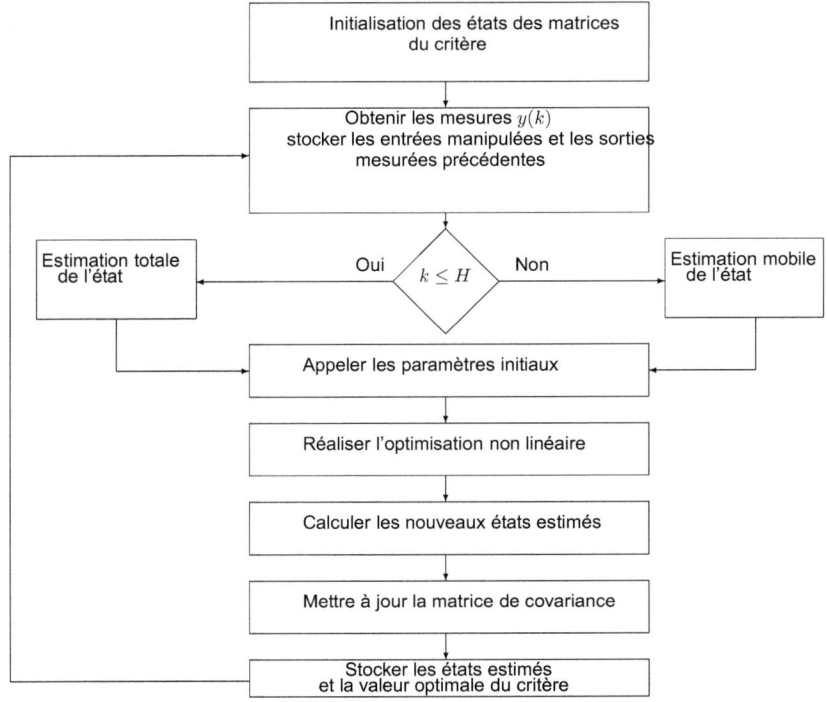

Figure 5.1 – Algorithme du MHE

gain est une méthode générale pour construire un observateur d'état ou de sortie qui soit exponentiel, pour lequel, dans le cas d'un observateur d'état non seulement :

$$\lim_{t \to +\infty} \|x(t) - \hat{x}(t)\| = 0 \tag{5.37}$$

mais la décroissance est exponentielle :

$$\|x(t) - \hat{x}(t)\| \leq k(\alpha) \exp^{-\alpha t} \|x(0) - \hat{x}(0)\| \tag{5.38}$$

ou pour un observateur de sortie exponentiel :

$$\|y(t) - \hat{y}(t)\| \leq k(\alpha) \exp^{-\alpha t} \|y(0) - \hat{y}(0)\| \tag{5.39}$$

pourvu que la trajectoire $x(t, x_0)$ reste dans un voisinage de x_0. Si α est suffisamment grand, l'estimation peut être aussi proche que possible de la valeur réelle en un temps arbitrairement court.

Selon (Dochain, 2003), un observateur à grand gain sépare la dynamique en une partie linéaire et une partie non linéaire, et choisit le gain de telle manière que la partie linéaire domine la partie non linéaire. Suivant (Astorga et al., 2002; Févotte et al., 1998), considérons le système non linéaire affine par rapport aux entrées :

$$\begin{aligned} \dot{x} &= f(x) + g(x)\, u \\ y &= h(x) \end{aligned} \tag{5.40}$$

Ce système déterministe est supposé uniformément observable (Corriou, 2003). L'application T définie par :

$$z = T(x) = \begin{pmatrix} h(x) \\ L_f h(x) \\ \vdots \\ L_f^{n-1} h(x) \end{pmatrix} \tag{5.41}$$

où L_f est la dérivée de Lie. C'est un difféomorphisme qui transforme le système (5.39) en

$$\begin{aligned} \dot{z} &= \begin{bmatrix} z_2(t) \\ z_3(t) \\ \vdots \\ z_n(t) \\ \phi(z(t)) \end{bmatrix} + \begin{bmatrix} \psi_1(z_1) \\ \psi_2(z_1, z_2) \\ \vdots \\ \\ \psi_n(z_1, \ldots, z_n) \end{bmatrix} u(t) \\ &= Az(t) + \begin{bmatrix} 0 \\ \vdots \\ 0 \\ \phi(z(t)) \end{bmatrix} + \begin{bmatrix} \psi_1(z_1) \\ \psi_2(z_1, z_2) \\ \vdots \\ \\ \psi_n(z_1, \ldots, z_n) \end{bmatrix} u(t) \\ y(t) &= C\, z(t) = z_1 \end{aligned} \tag{5.42}$$

A est la matrice :

$$A = \begin{bmatrix} 0 & 1 & 0 & \ldots & 0 \\ \vdots & \ddots & \ddots & \ddots & \vdots \\ \vdots & & & \ddots & 0 \\ \vdots & & & \ldots & 0 & 1 \\ 0 & \ldots & & \ldots & 0 \end{bmatrix} \qquad (5.43)$$

et $C = [1\, 0 \ldots 0]$.

Le système dynamique suivant :

$$\dot{\hat{x}} = f(\hat{x}) + g(\hat{x})\,u + \left[\frac{\partial T}{\partial x}(\hat{x}(t))\right]^{-1} S_0^{-1} C^T (y(t) - C\,\hat{x}) \qquad (5.44)$$

constitue un observateur de sortie pour le système (5.39). La matrice S_θ symétrique définie positive est solution de l'équation algébrique de Lyapunov :

$$-\theta\, S_\theta - A^T S_\theta - S_\theta A + C^T C = 0 \qquad (5.45)$$

où θ est un scalaire grand qui permet d'ajuster la vitesse de convergence de l'estimateur. L'observateur ainsi défini converge exponentiellement. Il a été appliqué en simulation sur des réacteurs biologiques (Farza et al., 1997; Gauthier et al., 1992), en polymérisation (Astorga et al., 2002; Févotte et al., 1998; Gauthier and Kupka, 2001; Hammouri et al., 1999; Sheibat-Othman et al., 2008), distillation (Gauthier and Kupka, 2001), en diagnostic de fautes (Hammouri et al., 2002; Kaboré et al., 2000).

5.4 Estimation des paramètres du FCC

Le FCC présente beaucoup de paramètres difficilement accessibles aux mesures. Parmi les paramètres principaux, citons la teneur en coke sur le catalyseur à la sortie du régénérateur et la teneur en coke sur le catalyseur au sommet du riser. D'autres grandeurs, bien que mesurables, doivent être estimées pour permettre une surveillance du procédé et aussi pour permettre de continuer à commander le procédé même lorsque certains capteurs peuvent connaître des défaillances ; nous pouvons citer par exemple la température dans les différents lits du régénérateur et la température dans le riser.

La technique d'estimation que nous avons utilisée est basée sur le filtre de Kalman étendu auquel nous avons couplé le système de commande MPC. Ceci permet d'avoir une estimations de certains paramètres clés du FCC tout en commandant le système en temps réel. L'estimation ici est utilisée pour des besoins de surveillance. Les variables estimées ne sont pas utilisées par la partie commande prédictive.

5.4.1 Résultats et discussion

Le réglage du filtre de Kalman pour les simulations réalisées a été fait avec les valeurs du Tableau 5.1.

Les figures 5.2(a), 5.2(b), 5.3, 5.4 présentent les courbes d'évolution données par le filtre étendu de Kalman des paramètres tels que la fraction massique de coke sur le catalyseur dans le régénérateur, la fraction massique de coke sur le catalyseur dans le séparateur et les

Tableau 5.1 – Paramètres de réglage du filtre de Kalman

Paramètres	Valeurs
Nombre de sorties mesurées	2
Nombre d'états estimés	5
Ecart-type du bruit de mesure	$\sigma = 0.3$
Matrice de covariance Q	diagonale 10^{-3}
Matrice de covariance R	diagonale σ^2
Valeurs initiales des états estimés	
Fraction massique en coke du séparateur	0.01
Température du séparateur (K)	780
Fraction massique en coke du régénérateur	0.0032
Température du régénérateur (K)	970
Fraction molaire de O_2 dans le régénérateur	0.004

températures mesurées et estimées dans le régénérateur, la fraction molaire d'oxygène dans le régénérateur. Au vu de ces courbes, nous constatons que le filtre de Kalman étendu nous donne une bonne estimation de toutes ces grandeurs.

Une étude de robustesse de l'estimation a été effectuée. Pour cela, le modèle utilisé pour l'estimation a été choisi volontairement différent du modèle du procédé considéré comme exact. La différence de modèle concerne simplement certaines constantes pour lesquelles on a choisi des valeurs différentes. Ainsi, la rétention du solide dans le régénérateur est diminuée de 0.1%.

Les courbes 5.5 présentent la température mesurée et la température estimée avec le modèle de l'estimateur différent du modèle du procédé réel. Nous constatons que l'estimation donne des résultats tout à fait fiables même dans le cas de modèle erroné utilisé par le filtre, ce qui est normal puisque la température est mesurée et que l'estimateur en fait filtre simplement les mesures. La Figure 5.6(a) présente la fraction massique de coke dans le régénérateur dans le cas du modèle de l'estimateur différent du modèle du procédé. Nous constatons une estimation qui présente un grand écart qui augmente au cours du temps. Ceci est lié à l'influence des erreurs de modèle sur certaines estimations. En effet la diminution de la rétention du catalyseur dans le régénérateur de l'ordre de 0.1% suffit à faire augmenter la fraction massique de coke produit ; ceci se justifie quand on observe l'équation différentielle qui décrit la fraction massique de coke dans le régénérateur. Il est à remarquer qu'une modification importante du modèle ne permet pas une estimation fiable car le système réduit utilisé par le filtre de Kalman peut se retrouver instable. En fait, le problème est lié à l'instabilité du procédé à cause du coke recyclé dès que l'on s'écarte trop de son fonctionnement nominal. La Figure 5.6(b) présente l'estimation de la fraction massique de coke dans le régénérateur, celle du coke réel dans le régénérateur, celle du coke avec le modèle modifié de l'estimateur et celle du coke au sommet du riser. Nous constatons effectivement que le régénérateur fonctionne en mode de combustion partielle car le coke n'est pas entièrement brûlé dans le régénérateur. Nous remarquons aussi que le coke dans le régénérateur a la même allure que le coke au sommet du riser, la seule différence étant le niveau d'amplitude différent qui traduit la combustion du coke dans le régénérateur. Il est très probable que si une mesure de la fraction molaire en oxygène dans le régénérateur était effectuée, bien sûr d'abord l'estimation de la fraction molaire en oxygène dans le régénérateur serait excellente, mais surtout les estimations des fractions molaires du coke dans le régénérateur et au sommet du riser seraient nettement améliorées.

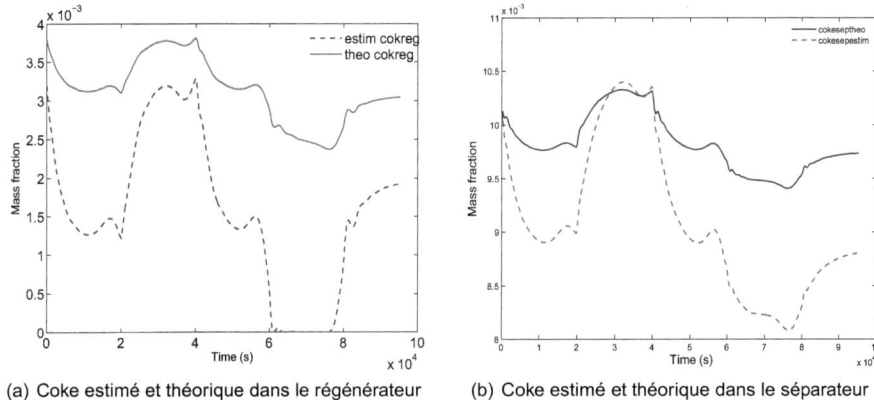

(a) Coke estimé et théorique dans le régénérateur   (b) Coke estimé et théorique dans le séparateur

Figure 5.2 – Coke estimé dans le régénérateur et le séparateur

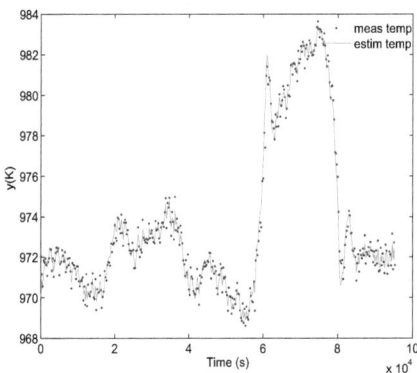

Figure 5.3 – Température mesurée et estimée dans le régénérateur

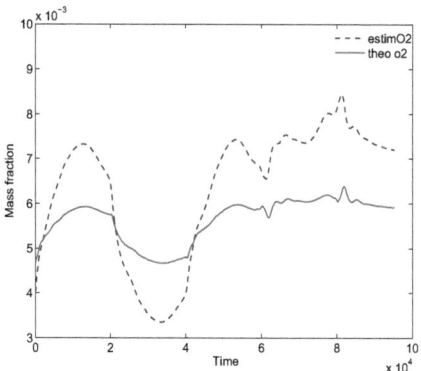

Figure 5.4 − Fraction molaire d'oxygène estimée et théorique dans le régénérateur

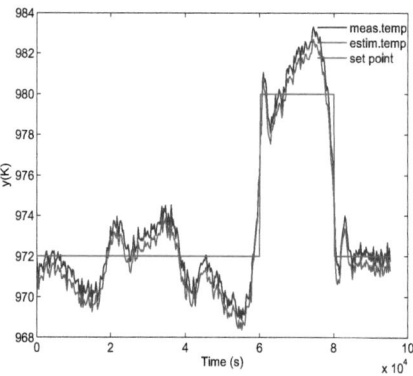

Figure 5.5 − Etude de robustesse : Température dans le régénérateur

Commande Prédictive d'un FCC

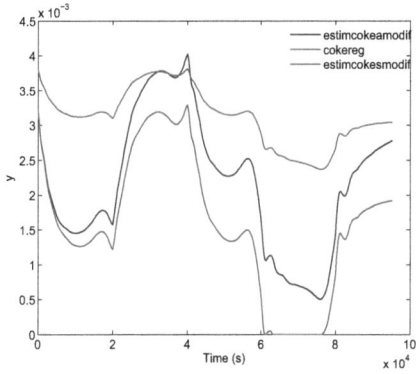

(a) Estimation du coke du régénérateur avec le modèle modifié et coke réel

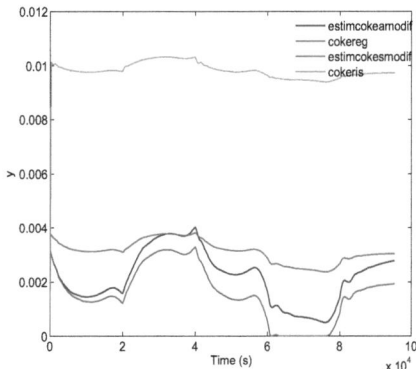

(b) Estimation du coke du régénérateur avec modèle modifié, coke réel, coke au sommet du riser

Figure 5.6 – Etude de robustesse : Fraction massique de coke dans le régénérateur

5.5 Conclusion

Dans ce chapitre, nous avons exposé certaines théories qui sous-tendent les observateurs des systèmes dans le domaine linéaire comme dans le domaine non linéaire. Le procédé faisant l'objet des présents travaux étant non linéaire, nous avons utilisé un observateur pour systèmes non linéaires, en l'occurrence le filtre de Kalman étendu. L'utilisation du filtre étendu de Kalman nous a permis d'estimer les paramètres difficilement accessibles à la mesure tels que la concentration d'oxygène dans le régénérateur, l'évolution de la fraction massique de coke sur le catalyseur et les températures au sommet du riser et dans le régénérateur du FCC. L'estimation a été étudiée avec un modèle fiable et a aussi été testée avec un modèle modifié bien différent du modèle du procédé. Les résultats nous ont montré la capacité du filtre de Kalman à donner des résultats assez proches de la réalité et à partir desquels on peut prendre des décisions dans un contexte de surveillance. Il serait aussi possible d'utiliser ces estimations dans une loi de commande non linéaire.

Conclusion générale et perspectives

Le FCC est l'un des procédés les plus complexes dans une raffinerie. Ce procédé occupe une place très importante dans la rentabilité d'une raffinerie. Sa complexité et la nécessité de le faire fonctionner à la limite des contraintes opératoires font de lui un sujet d'intenses recherches tant sur le plan de la commande que de l'optimisation. Ce travail de recherche avait pour objectifs principaux la commande prédictive du FCC et l'estimation des paramètres clés de ce procédé pour les besoins de surveillance. Les objectifs assignés à ce travail de recherche ont été atteints dans une large mesure. Ce travail de recherche a donné des résultats assez satisfaisants tout au long de ses articulations principales.

Simulation et discussion des modèles de craquage de riser

Plusieurs modèles de craquage ont été simulés et analysés (cracking à 3, 4, 5, 6, 7 et 8 groupes) avec des comparaisons aux mesures industrielles dans certains cas. Ces simulations ont permis de mettre en évidence l'importance de la teneur en coke sur le catalyseur régénéré dans le cadre de la commande du FCC. En effet, la non prise en compte de ce paramètre ne permet pas de faire une interchangeabilité des modèles de riser et aussi ne permet pas une prédiction réaliste des différents produits attendus du FCC.

Commande du FCC et estimation des paramètres

Ce travail de recherche a permis de mettre en œuvre la commande prédictive basée sur le modèle dans le cas d'un craqueur catalytique à lit fluidisé. Cette commande s'est faite dans un cadre multivariable avec gestion des contraintes. Des algorithmes de commandes MPC telles que la commande matricielle dynamique quadratique, la commande prédictive linéaire dans l'espace d'état avec observateur et la commande non linéaire ont été mises en œuvre. Les résultats obtenus ont fait l'objet de plusieurs communications au niveau international (Boum et al., 2013a,b).

En plus de la commande, l'estimation des paramètres clés d'un craqueur catalytique à lit fluidisé a été menée en utilisant un filtre de Kalman étendu. Cette estimation a donné des résultats assez intéressants pouvant être exploités dans le cadre d'une surveillance du procédé en temps réel.

Perspectives

Cette recherche ne saurait être parfaite, elle nous a permis d'envisager certaines pistes de recherche qui doivent être explorées.

Sur le plan de la modélisation, la mise au point d'un modèle généralisé de riser qui puisse s'intégrer dans la plupart des modèles de FCC en vu de la commande serait intéressante. En fait, dans la réalité, les constantes cinétiques devraient être identifiées en fonction de la qualité de l'alimentation en gazole. Une modélisation plus réaliste du régénérateur en tant que lit fluidisé, suivant par exemple le modèle de Kunii-Levenspiel, serait souhaitable.

L'optimisation dynamique permettrait de calculer les profils optimaux lors de transitions de consignes liées à des variations de qualité de l'alimentation.

L'étude de l'observabilité des états du modèle non linéaire, en particulier la concentration de coke, serait à effectuer. L'influence de nouvelles mesures réellement possibles sur l'estimation des états serait également à étudier. L'exploration de nouvelles approches d'estimation, telles que l'observateur à horizon glissant, qui peuvent servir aussi bien à la commande qu'à la surveillance de ce procédé serait également à étudier.

Références

R. Aguilar, A. Poznyak, R. Martinez-Guerra, and R. Maya-Yescas. Temperature control in catalytic cracking reactors via a robust {PID} controller. *Journal of Process Control*, 12(6) : 695–705, 2002.

R. Aguilara, J. Gonzalez, J. Alvarez-Ramirez, and M. Barron. Control of a fluid catalytic cracking unit based on proportional-integral reduced observers. *Chem. Eng. J.*, 15 :77–85, 1999.

J. S. Ahari, A. Farshi, and K. Forsat. A mathematical modeling of the riser reactor in industrial fcc unit. *Petroleum & Coal*, 50(2) :15–24, 2008.

M. Alamir. Optimization-base nonlinear observers revisited. *International Journal of Control*, 72 (13) :1204–1217, 1999.

A. A. A. Alaradi and S. Rohani. Identification and control of a riser-type FCC unit using neural networks. *Comp. Chem. Eng.*, 26 :401–421, 2002.

A. E. Ali and S. E. H. Elnashaie. Nonlinear model predictive control of industrial type iv fluid catalytic cracking (FCC) units for maximum gasoline yield. *Ind. Eng. Chem. Res.*, 36 :389–398, 1997.

H. Ali, S. Rohani, and J. P. Corriou. Modelling and control of a riser type fluid catalytic cracking (FCC) unit. *Trans. IChemE.*, 75, part A :401–412, 1997.

F. Allgöwer, R.Findeisen, and Z. K. Nagy. Nonlinear model predictive control : From theory to application. *J.Chin.Inst.Chem. Engrs*, 35(3) :299–315, 2004.

J. Ancheyta and R. Sotelo. Modelling of vacuum gas-oil catalytic cracking. *J.Mexican Chem. Spc.*, 46 :38–42, 2002.

J. Ancheyta-Juarez, F. Lopez-Isunza, and E. Aguilar-Rodriguez. 5-lump kinetic model for gas oil catalytic cracking. *Applied Catalysis A :General*, 177(177) :227–235, 1999.

J. M. Arandes, I. Abajo, J. Bibao, J. Aokiti, and H. I. de Lasa. Consistency of the ten-lump kinetic model for cracking : Study in a laboratory reactor and use for simulation of an fccu. *Chem. Eng. Comm.*, 190(2) :257–284, 2003.

A. Arbel, Z. Huang, I. H. Rinard, R. Shinnar, and A.V. Sapre. Dynamic and control of fluidized catalytic crackers. 1. Modelling of the current generation of FCC's. *Ind. Eng. Chem. Res.*, 34 : 1228–1243, 1995.

A. Arbel, I. H. Rinard, and R. Shinnar. Dynamic and control of fluidized catalytic crackers. 3. Designing the control system : choice of manipulated and measured variables for partial control. *Ind. Eng. Chem. Res.*, 35 :2215–2233, 1996.

C. M. Astorga, N. Othman, S. Othman, H. Hammouri, and T. F. McKenna. Non-linear continuous-discrete observers : application to emulsion polymerization reactors. *Cont. Eng. Practice*, 10 :3–13, 2002.

J. S. Balchen, D. Ljungquist, and S. Strand. State-space predictive control. *Chem. Eng. Sci.*, 47(4) :787–807, 1992.

JF Bellantoni and KW Dodge. A square root formulation of the kalman-schmidt filter. *AIAA journal*, 5(7) :1309–1314, 1967.

R. E. Bellman. Dynamic programming. *Princeton University press*, 1957.

R. E. Bellman. Five-lump kinetic model with selective catalyst deactivation for the prediction of the product selectivity in the fluid catalytic cracking process. *Catalysis Today*, 2007.

B. W. Bequette. Nonlinear control of chemical processes : a review. *Ind. Eng. Chem. Res.*, 30 : 1391–1413, 1991.

D. Bhattacharyya. FCC process fundamentals & technology evolution. In *8th Summer School on Petroleum Refining & Petrochemicals*, June 2013.

A. T. Boum, A. Latifi, and J. P. Corriou. Model predictive control of a fluid catalytic cracking process. In *Récents Progrès en Génie des Procédés*, Ed. SFGP, Paris, France, 2013a.

A. T. Boum, A. Latifi, and J. P. Corriou. Model predictive control of a fluid catalytic cracking unit. In *2013 International Conference on Process Control (PC)*, pages 335–340, Strbské Pleso, Slovakia, 2013b.

E. H. Bristol. On a new measure of interactions for multivariable process control. *IEEE Trans. Automat. Control*, AC-11 :133–134, 1966.

A. C. Brooms and B. Kouvaritakis. Successive constrained optimization and interpolation in non-linear model based predictive control. *International Journal of Control*, 73(4) :312–316, 2000.

R. G. Brown and P. Y. C. Hwang. *Introduction to Random Signals and Applied Kalman Filtering*. Wiley, New York, third edition, 1997.

R. S. Bucy and D. P. Joseph. *Filtering for stochastic processes with applications to guidance*, volume 326. American Mathematical Soc., 1987.

E. F. Camacho and C. Bordons. *Model predictive control*. Springer-Verlag., Berlin, 1998.

E. F. Camacho and C. Bordons. *Model predictive control*, volume 2. Springer London, 2004.

C. Chen, B. Yang, J. Yuan, Z. Wang, and L. Wang. Establishment and solution of eight-lump kinetic model for fcc gasoline secondary reaction using particle swarm optimization. *Fuel*, pages 2325–2332, 2007.

D. W. Clark, C. Mohtadi, and P. S. Tuffs. Generalyzed predictive control-part ii extensions and interpretations. *Automatica*, 23(2) :149–160, 1987b.

Corma and Martinez-Triguero. Kinetics of gas oil cracking and catalyst decay on SAPO-7 and USY molecular sieves. *App Catal*, 118 :153–162, 1994.

J. P. Corriou. *Commande des Procédés*. Lavoisier, Tec. & Doc., Paris, 1996.

J. P. Corriou. *Commande des Procédés*. Lavoisier, Tec. & Doc., Paris, second edition, 2003.

J. P. Corriou. *Process Control - Theory and Applications*. Springer, London, 2004.

J. P. Corriou. *Commande des Procédés*. Lavoisier, Tec. & Doc., Paris, third edition, 2012.

J. L. Crassidis and J. L. Junkins. *Optimal Estimation of Dynamic Systems*. Chapman & Hall/CRC, Boca Raton, 2004.

M. V. Cristea, S. P. Agachi, and V. Marinoiu. Simulation and model predictive control of a uop fluid catalytic cracking unit. *Chem. Eng. P.*, 42(2) :67–91, 2003.

C. R. Cutler and B. L. Ramaker. Dynamic matrix control-a computer control algorithm. In *AIChE Annual Meeting*, Houston,Texas, 1979.

K. K. Dagde and Y. T. Puyate. Modelling and simulation of industrial fcc unit : Analysis based on five-lump kinetic scheme for gas-oil cracking. *International Journal of Engineering Research and Applications*, 2 :698–714, 2012a.

K. K. Dagde and Y. T. Puyate. Six-lump kinetic modelling of adiabatique plug-flow riser-reactor in an industrial fcc unit. *International Journal of Engineering Research and Applications*, 2 : 557–568, 2012b.

P. K. Dasila, I. Choudhury, D. Saraf, S. Chopra, and A. Dalai. Parametric sensitivity studies in a commercial fcc unit. *Advances in Chemical Engineering and Science*, 2 :136–149, 2012.

D. Dochain. State and parameter estimation in chemical and biochemical processes : a tutorial. *J. Proc. Cont.*, 13 :801–818, 2003.

R. C. Ellis, X. Li, and J. B. Rigg*. Modeling and optimization of a model iv fluidized catalytic cracking unit. *AIChE J.*, 44 :2068–2079, 2007.

S. S. E. H. Elnashaie and I. M. El-Hennawi. Multiplicity of the steady state in fluidized bed reactors-IV. fluid catalytic cracking (FCC). *Chem. Eng. Sci.*, 34 :1113–1121, 1979.

A. F. Errazu, H. I. de Lasa, and F. Sarti. A fluidized bed catalytic cracking regenerator model grid effects. *Can. J. Chem. Engng.*, 57 :191–197, 1979.

M. Farza, H. Hammouri, S. Othman, and K. Busawon. Nonlinear observers for parameter estimation in bioprocesses. *Chem. Eng. Sci.*, 52(23) :4251–4267, 1997.

J. L. Fernandes, J. J. Verstraete, C. I. C. Pinheiro, N. M. C. Oliveira, and F. R. Ribeiro. Dynamic modelling of an industrial r2r fcc unit. *Chem. Eng. Sci.*, 62 :1184–1198, 2007.

J. L. Fernandes, C. I. C. Pinheiro, N. M. C. Oliveirab, J. Inverno, and F. R. Ribeiro. Model development and validation of an industrial uop fluid catalytic cracking unit with a high-efficiency regenerator. *Ind. Eng. Chem. Res.*, 47 :850–866, 2008.

G. Févotte, T.F. McKenna, S. Othman, and H. Hammouri. Non-linear tracking of glass transition temperatures for free radical emulsion copolymers. *Chem. Eng. Sci.*, 53(4) :773–786, 1998.

R. Fletcher. *Practical methods of optimization*. John Wiley, Chichester, 1991.

C. E. Garcia and A. M. Morshedi. Quadratic programming solution of dynamic matrix control(qdmc). *Chem.Eng Comm*, 46 :73–87, 1986.

C. E. Garcia, D. M. Prett, and M. Morari. Model predictive control : Theory and practice- a survey. *Automatica*, 25(3) :335–348, 1989.

G. Gattu and E. Zafiriou. Observer based nonlinear quadratic dynamic matrix control for state space and input/output models. *Can. J. Chem. Eng.*, 73 :883–895, 1995.

J. P. Gauthier and A. Kupka. Observability and observers for nonlinear systems. *SIAM Journal on Control and Optimization*, 32 :975–994, 1992.

J. P. Gauthier and A. Kupka. *Deterministic Observation Theory and Applications*. Cambridge University Press, Cambridge, 2001.

J. P. Gauthier, H. Hammouri, and S. Othman. A simple observer for nonlinear systems - application to bioreactors. *IEEE Trans. Automat. Control*, AC-37 :875–880, 1992.

P. Grosdidier, M. Morari, and B. R. Holt. Closed-loop properties from steady-state gain information. *Ind. Eng. Chem. Fundam.*, 24 :221–235, 1985.

T. Grüne and J. Pannek. *Nonlinear model predictive control*. Springer-Verlag, New York, 2011.

H. Hammouri, T. F. McKenna, and S. Othman. Applications of nonlinear observers and control : improving productivity and control of free radical solution copolymerization. *Ind. Eng. Chem. Res.*, 38 :4815–4824, 1999.

H. Hammouri, P. Kaboré, S. Othman, and J. Biston. Failure diagnosis and nonlinear observer. application to a hydraulic process. *Journal of the Franklin Institute*, 339 :455–478, 2002.

I. S. Han and C. B. Chung. Dynamic modeling and simulation of a fluidized catalytic cracking process. part I : Process modeling. *Chem. Eng. Sci.*, 56 :1951–1971, 2001.

I. S. Han, J. B. Riggs, and C. B. Chung. Modeling and optimization of a fluidized catalytic cracking process under full and partial combustion modes. *Chem. Eng. P.*, 43 :1063–1084, 2004.

E. L. Haseltine and J. B. Rawlings. Critical evaluation of the extended Kalman filtering and moving-horizon estimation. *Ind. Eng. Chem. Res.*, 44 :2451–2460, 2005.

M. A. Henson. Nonlinear model predictive control : current status and future directions. *Computers & Chemical Engineering*, 23(2) :187–202, 1998.

M. Heyydari, H. AleEbrahim, and B. Dabir. Study of seven-lump kinetic model in the fluid catalytic cracking unit. *American Journal of Applied Sciences*, 7 :71–76, 2010.

K. S. Holkar and L. M. Waghmare. An overview of model predictive control. *International Journal of Control and Automation*, 3(4), 1989.

Y. Hongjun, X. Chunming, G. Jinsen, L. Zhichang, and Y. Pinxiang. Nine lumped kinetic models of fcc gasoline under the aromatization reaction conditions. *Catalysis Communications*, 7 : 554–558, 2006.

M. Hovd and S. Skogestad. Controllability analysis for the fluid catalytic cracking process. *AIChE Annual Meeting*, 1991.

M. Hovd and S. Skogestad. Procedure for regulatory control structure selection with application to the FCC process. *AIChE J.*, 39(12) :1938–1953, 1993.

M. Iancu, M. V. Cristea, and P. Serban Agachi. An advanced control solution for a fluid catalytic cracking unit : distributed model predictive control. *Computer Aided Chemical Engineering*, 30 :797–801, 2012.

L. Iscol. The dynamic and stability of a fluid catalytic cracker. In *Proc. Joint Automatic Control conference*, pages 602–607, Atlanta,Georgia, 1970.

S. M. Jacob, B. Gross, S. E. Voltz, and V. W. WEEKMAN. A lumping and reaction scheme for catalytic cracking. *AIChE J.*, 22(4) :701–713, 1976a.

S. M. Jacob, B. Gross, S. E. Voltz, and V. W. Weekman. A lumping and reaction scheme for catalytic cracking. *AIChE J*, 22 :701–713, 1976b.

C. Jian, S. Rohani, and A. Jutan. Fcc unit modeling, identification and model predictive control, a simulation study. *Chem. Engng. P.*, 42 :311–325, 2003.

P. Kaboré, S. Othman, T. F. McKenna, and H. Hammouri. Observer-based fault diagnosis for a class of non-linear systems - application to a free radical copolymerization reaction. *Int. J. Control*, 73(9) :787–803, 2000.

R. E. Kalman. contribution to the theory of optimal control. *Bulletin de la societe Mathematique de Mexicana*, 5 :102–119, 1960.

R. E. Kalman. Mathematical description of linear dynamical systems. *Journal Society for Industrial and Applied Mathematics*, 1 :152–192, 1963.

L. Kalra and C. Georgakis. Effect of process nonlinearity on the performance of linear model predictive controllers for the environnemental safe operation of a fluid catalytic cracking unit. *Ind. Eng. Chem. Res*, 33 :3063, 1994.

R. M. C. De Keyser and A. R. Van Cauwenberghe. Extended prediction self-adaptive control. In *In 7th IFAC Symposium on Identification and System Parameter Estimation*, pages 1255–1260. Pergamon, 1985.

V. K. Koratiya, S. Kumar, and S. Sinha. Modeling, simulation and optimization of fcc downer reactor. *Petroleum & Coal*, 52(3) :183–192, 2010.

A. S. Krishna and E. S. Parkin. Modeling the regenerator in commercial fluid catalytic cracking units. *Chem. Eng. Prog.*, 81(4) :57, 1985.

D. Kunii and O. Levenspiel. *Fluidization Engineering*. Wiley, New York, 1969.

H. Kurihara. *Optimal Control of Fluid Catalytic Cracking Process*. PhD thesis, MIT, 1967.

W. H. Kwon, P. S. Kim, and P. G. Park. A receding horizon kalmana fir filter for discrete time-invariant systems. *IEEE TAC*, 44(9) :1787–1791, 1999.

X. Lan, C. Xu, G. Wang, L. Wu, and J. Gao. Cfd modeling of gas solid flow and cracking reaction in two stage riser fcc reactors. *Chem. Engng. Sc.*, 64 :3847–3858, 2009.

E. Lee and F. R. Jr. Groves. Mathematical model of the fluidized bed catalytic cracking plant. *Trans. Soc. Comput. Sim.*, 2 :219–236, 1985.

J. H. Lee and B. Cooley. Recent advances in model predictive control and other related areas. In *Fith international conference on chemical process control*, pages 201–216. AICHE and CACHE, 1997.

J. H. Lee, M. Morari, and C. E. Garcia. State-space interpretation of model predictive control. *Automatica*, 30 :707–717, 1994a.

J. H. Lee, M. Morari, and C. E. Garcia. State space interpretation of model predictive control. *Automatica*, 30 :707–717, 1994b.

L. S. Lee, Y. W. Chen, T. N. Huang, and W. Y. Pan. Four-lump kinetic model for fluid catalytic cracking process. *Can. J. Chem. Engng.*, 67 :615–619, 1989a.

L. S. Lee, S. W. Yu, C. T. Chen, and W. Y. Pan. Fluidized-bed catalyst cracking regenerator modelling and analysis. *Chem. Eng. J.*, 40 :71–82, 1989b.

J. Li, Z. H. Luo, X. Y. Lan, C. M. Xu, and J. S. Gao. Numerical simulation of the turbulent gas-solid flow and reaction in a polydisperse fcc riser reactor. *Powder Technology*, 237 :569–580, 2013.

S. Li, K. Y. Lim, and D. G. Fisher. A state space formulation for model predictive control. *AIChE*, 35(2) :241–249, 1989.

D. Ljungquist, S. Strand, and J. G. Balchen. Catalytic cracking models developed for predictive control purposes. *Modeling, Identification and Control*, 14(2) :73–84, 1993.

D. G. Luenberger. Observing the state of a linear system. *IEEE Transactions on Military Electronics*, 8 :74–80, 1964.

D. G. Luenberger. Observers for multivariable systems. *IEEE Transactions on Automatic Control*, 11 :190–197, 1966.

D. G. Luenberger. An introduction to observer. *IEEE Transactions on Automatic Control*, 16 : 596–602, 1971.

P. Lundström, J. H. Lee, M. Morari, and S. Skogestad. Limitations of dynamic matrix control. *Automatica*, 19(4) :409–421, 1995.

W. L. Luyben and D. E. Lamb. Feed-forward control of fluidized catalytic reactor-regenerator syystem. *Chem. Eng. Prog. Symp. Ser*, 59 :165–171, 1963.

R. C. Macfarlane, R. C. Reineman, J. F. Bartee, and C. Georgakis. Dynamic simulator for a model IV fluid catalytic cracking unit. *Comp. Chem. Engng.*, 17(3) :275–300, 1993.

J. M. Maciejowski. *Predictive Control*. Pearson Education, Harlow, England, 2002.

P. Malay. A modified integrated dynamic model of a riser type FCC unit. Master's thesis, University of Saskatchewan, Saskatoon, Canada, 1998.

P. Malay, B. J. Milne, and S. Rohani. The modified dynamic model of a riser type fluid catalytic cracking unit. *Can. J. Chem. Eng.*, 77(1) :169–179, 1999.

F. Manenti. Considerations on nonlinear model predictive control techniques. *Computers & Chemical Engineering*, 35(11) :2491–2509, 2011.

R. Maya-Yescasa, D. Bogle, and F. López-Isunza. Approach to the analysis of the dynamics of industrial fcc units. *J. Proc. Cont.*, 8(2) :89–100, 1998.

D. Q. Mayne. Nonlinear model predictive control : an assessment. In *Fith international conference on chemical process control*, pages 217–231. AICHE and CACHE, 1997.

R. C. McFarlane, R. C. Reinemann, J. F. Bartee, and C. Georgakis. Analysis of fluidized bed catalytic cracking regenerator models in an industrial scale unit. *Comp. Chem. Engng.*, 17 : 275–300, 1993.

R. A. Meyers. *Handbook of Petroleum Refining Processes*. McGraw-Hill, third edition edition, 2003.

H. Michalska and D. Q. Mayne. Moving horizon observers and observer-based control. *IEEE TAC*, 40 :995–1006, 1995.

M. Mihet and V. M. Cristea. Contributions to the model predictive control of the uop fluid catalytic cracking unit. *Rev. Roum. Chim.*, 56(12) :1093–1100, 2011.

A. M.Morshedi, C. R. Cutler, and T. A. Skrovanek. Optimal solution of dynamic matrix control with linear programming techniques. In *Proc.Am.Control*, pages 199–208, Boston, 1985.

M. Morari and J. H. Lee. Model predictive control : The good,the bad, and the ugly. In *Fourth international conference on chemical process control*, pages 419–444, Amsterdam, 1991.

M. Morari and J. H. Lee. Model predictive control :past, present and future. *Comp. Chem. Engng*, 23 :667–682, 1999.

L. F. L. Moro and D. Odloak. Constrained multivariable control of fluid catalytic cracking converters. *Journal of Process Control*, 5 :29–39, 1995a.

L. F. Lautenschlager Moro and D. Odloak. Constrained multivariable control of fluid catalytic cracking converter. *Journal of Process Control*, 5 :29–39, 1995b.

K. R. Muske and J. B. Rawlings. Model predictive control with linear model. *A.I.CH.E Journal*, 39(2) :262–287, 1993.

D. M. Nace, S. E. Voltz, and V. M. Weekman. Application of a kinetic model for catalytic cracking. effects of charge stocks. *Ind. Eng. Chem. Proc. Des. Dev.*, 10(4) :530–537, 1971.

E. A. Nt and A. R. Secchi. Dynamic optimization of a fcc converter unit : Numerical analysis. *Bra. J. of Chem. Eng.*, 26(1) :117–136, 2011.

X. Ou-guan, S. Hong-ye, M. Sheng-jing, and C. Jian. 7-lump kinetic model for residual oil catalytic cracking. *Journal of Zhejiang University SCIENCE A*, 11(7) :1932–1941, 2006.

G. Pandimadevi, P. Indumathi, and V. Selvakumar. Design of controllers for a fluidized catalytic cracking process. *Chem. Engng. Res. D.*, 88(7) :875–880, 2010.

C. I. C. Pinheiro, J. L. Fernandes, L. Domingues, A. J. S. Chambel, I. Graça, O. M. C. Nuno, and H. S. Cerqueira F. R. Ribeiro. Fluid catalytic process(fcc) modeling,simulation, and control. *I&EC Research*, 2011.

S. J. Qin and T. A. Badgwell. A survey of industrial model predictive control technology. *Control engineering practice*, 11 :733–764, 2003.

C. V. Rao, J. B. Rawlings, and J. H. Lee. Constrained linear state estimation a moving horizon approach. *Automatica*, 37 :1619–1628, 2001.

C. V. Rao, J. B. Rawlings, and D. Q. Mayne. Constrained state estimation for nonlinear discrete-time systems : stability and moving horizon approach. *IEEE Trans. Auto. Cont.*, 48(2) :246–258, 2003.

J. B. Rawlings and K. R. Muske. The stability of constrained receding control. *IEEE Transactions on Automation on Automatic Control*, 38(10) :1512–1516, 1993.

J. B. Rawlings, E. S. Meadows, and K. R. Muske. Nonlinear model predictive control :a tutorial and survey. In *IFAC ADCHEM*, Japan, 1993.

J. Richalet, A. Rault, J. L. Testud, and J. Papon. Model predictive heuristic control : Applications to industrial processes. *Automatica*, 14 :413–428, 1978.

D. G. Robertson, J. H. Lee, and J. B. Rawlings. A moving horizon based-approach for least-squares estimation. *AIChE J.*, 42(8) :2209–2224, 1996.

R. Roman, Z. K. Nagy, M. V. Cristea, and S. P. Agachi. Dynamic modelling and nonlinear model predictive control of a fluid catalytic cracking unit. *Comp. Chem. Eng.*, 33 :605–617, 2009.

R. Sadeghbeigi. *Fluid Catalytic Cracking Handbook*. Gulf Publishing Company, Houston, 2000.

R. Sadeghbeigi. *Fluid Catalytic Cracking Handbook : An expert guide to the Practical Operation, Design, and Optimization of FCC Units*. Butterworth-Heinemann, 2012.

K. Schittkowski. NLPQL : A Fortran subroutine solving constrained nonlinear programming problems. *Ann. Oper. Res.*, 5 :485–500, 1985.

A. R. Secchi, M. G. Santos, G. A. Neumann, and J. O. Trierweiler. A dynamic model for a fcc uop stacked converter unit. *Computers and Chemical Engineering*, 25 :851–858, 2001.

J. G. Sepeight. *The Chemistry and Technology of Petroleum*. CRC Press., Guernsey, GY, United Kingdom, 2006.

F. Shayegh, A. Farshi., and A. Dehgan. A kinetics lumped model for vgo catalytic cracking in a fluidized bed reactor. *Petroleum Science and Technology*, 30(9) :945–957, 2012.

N. Sheibat-Othman, D. Peycelon, S. Othman, J. M. Suaua, and G. Févotte. Nonlinear observers for parameter estimation in a solution polymerization process using infrared spectroscopy. *Chem. Eng. J.*, 140 :529–538, 2008.

R. Shridar and D. J. Cooper. A novel tuning strategy for multivariable model predictive control. *ISA Transactions*, 36(4) :273–280, 1998.

D. Simon. *Optimal State Estimation - Kalman, H_∞ and Nonlinear Approaches*. Wiley, Hoboken, New Jersey, 2006.

S. Skogestad and M. Morari. Implications of large RGA elements on control performance. *Ind. Eng. Chem. Res.*, 26 :2323–2330, 1987.

R. Soeterboek. *Predictive control-A unified approach*. Prentice-Hall, Englewood Cliffs, New Jersey, 1992.

P. Tatjewski. *Advanced Control of Industrial Processes : Structures and Algorithms*. Advances in Industrial Control. Springer, 2007.

W. G. Vieira, V. M. L. Santos, F. R. Carvalho, J. A. F. R. Pereira, and A. M. F. Identification and predictive control of a {FCC} unit using a {MIMO} neural model. *Chemical Engineering and Processing : Process Intensification*, 44(8) :855–868, 2005.

H. L. Wang, G. Wang, D. C. Zhang, C. M. Xu, and J. S. Gao. Eight-lump kinetic model for upgrading residue by carbon rejection in a fluidized-bed reactor. *Energy & Fuels*, 26 :4177–4188, 2012.

V. W. Weekman and D. M. Nace. Kinetics of catalytic cracking selectivity in fixed, moving and fluid bed reactors. *AIChE J.*, 16(3) :397–404, 1970.

O. G. Xu, H. Y. Su, S. J. Mu, and J. Chu. 7-lump kinetic model for residual oil catalytic cracking. *J. Zheijang Univ. Sci A*, 7 :1932–1941, 2006.

J. G. Yates. *Fundamentals of fluidized-bed chemical processes*. Butterworth, London, 1983.

B. E. Ydstie. Extended horizon adaptive control. In *IFAC 9th World Congress Budapest Hungary*, pages 911–915. Pergamon, 1985.

L. Yen, R. Wrench, and A. Ong. Reaction kinetic correlation for predicting coke yield in fluid catalytic cracking. In *Katalistisks 8th Annual Fluid Catalytic Cracking Symposium, Budapest, Hungary*, 1987.

A. C. Zanin, J. Niederberger, V. J. Camolesi, and L. F. L. Moro. Industrial implementation of real time optimization in an fcc converter. In *Enpromer*, Rio de Janeiro, 2005.

C. Zhu, R.H. Byrd, P. Lu, and J. Nocedal. L-BFGS-B : a limited memory FORTRAN code for solving bound constrained optimization problems. Technical report, NAM-11, EECS Department, Northwestern University, 1994.

G. Zimmer. State observation by on-line minimization. *Int. J. Control*, 60 :595–606, 1994.
  Annexe

Annexe A

Modèle proposé

A.1 Amélioration du modèle de FCC

Ce modèle de FCC a été amélioré pour pouvoir prédire un plus grand nombre de produits et donner une estimation du coke qui soit moins empirique. Pour cela, le modèle cinétique du riser à quatre groupes a été utilisé. L'expression du bilan du catalyseur dans le séparateur a été modifiée. Cela permet d'avoir un modèle plus descriptif du FCC et utile pour les besoins de la commande.

A.1.1 Riser

Ce modèle de craquage est constitué de quatre groupes (Figure A.1). Il est inspiré des travaux de (Yen et al., 1987) et de (Ali et al., 1997). Le riser est considéré comme un réacteur piston. Le temps de séjour dans le riser est de quelques secondes.

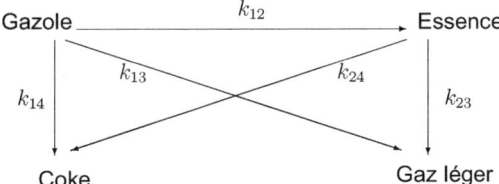

Figure A.1 – Modèle à quatre groupes

A.1.2 Équations du riser

Le facteur ϕ représentant la désactivation du catalyseur causée par le dépôt de coke est

$$\phi = \exp(-\alpha\, t_{cat,z}) \tag{A.1}$$

où α est le paramètre de dégradation du catalyseur

$$\alpha = \alpha_0 \exp\left(-\frac{E_\alpha}{R x_{5,ris}}\right) \tag{A.2}$$

Les dérivées spatiales le long du riser sont exprimées par rapport aux cordonnées sans dimension $Z = z/L_{ris}$.

Dérivée de la fraction massique du gasoil dans le riser

$$\frac{dx_{1,ris}}{dZ} = -\frac{\phi V_{ris} \epsilon_{g,ris} \rho_{g,ris}}{F_{g,ris}} (k_{12} + k_{13} + k_{14}) x_{1,ris}^2 \tag{A.3}$$

Dérivée de la fraction massique de l'essence dans le riser

$$\frac{dx_{2,ris}}{dZ} = -\frac{\phi V_{ris} \epsilon_{g,ris} \rho_{g,ris}}{F_{g,ris}} ((k_{23} + k_{24}) x_{2,ris} - k_{12} x_{1,ris}^2) \tag{A.4}$$

Dérivée de la fraction massique des hydrocarbures légers dans le riser

$$\frac{dx_{3,ris}}{dZ} = \frac{\phi V_{ris} \epsilon_{g,ris} \rho_{g,ris}}{F_{g,ris}} (k_{13} x_{1,ris}^2 + k_{23} x_{2,ris}) \tag{A.5}$$

Dérivée de la fraction massique du coke dans le riser

$$\frac{dx_{4,ris}}{dZ} = \frac{\phi V_{ris} \epsilon_{g,ris} \rho_{g,ris}}{F_{g,ris}} (k_{14} x_{1,ris}^2 + k_{24} x_{2,ris}) \tag{A.6}$$

Dérivée de la température dans le riser résultant de

$$\begin{aligned}&[F_{cat,reg} C_{p,cat} + F_{g,ris} C_{p,og} + F_{g,ris} x_{4,ris} C_{p,coke}] \frac{dx_{5,ris}}{dZ} = \\ &\{\phi V_{ris} \epsilon_{g,ris} \rho_{g,ris} [x_{1,ris}^2 (k_{12} \Delta H_{r12} + k_{13} \Delta H_{r13} + k_{14} \Delta H_{r14}) \\ &+ x_{2,ris} (k_{23} \Delta H_{r23} + k_{24} \Delta H_{r24})] - \dot{Q}_{loss}\}\end{aligned} \tag{A.7}$$

$C_{p,coke}$ capacité calorifique du coke,
$C_{p,og}$ capacité calorifique de l'huile comme gaz,
H_{r14} chaleur de réaction,
k_{23} vitesse de réaction,
V_{ris} volume du riser,
$\epsilon_{g,ris}$ fraction du vide dans le riser,
$\rho_{g,ris}$ densité des gaz.

A.1.3 Séparateur

Le séparateur est modélisé comme un réacteur parfaitement agité.
Bilan de matière du coke sur le catalyseur

$$\frac{dC_{cokesep}}{dt} = \frac{(F_{g,ris} C_{cokeris,1} - F_{regcat} C_{cokesep})}{m_{catsep}} \tag{A.8}$$

Bilan d'énergie

$$\frac{dT_{sep}}{dt} = \frac{C_{p,cat} F_{cat,reg} (T_{ris,1} - T_{sep})}{m_{cat,sep} C_{p,cat}} \tag{A.9}$$

A.1.4 Régénérateur

Le régénérateur est un lit fluidisé constitué de deux zones : une zone dense et une zone diluée. La température est supposée constante dans le régénérateur, l'oxygène est supposé uniformément distribué. La combustion est supposée partielle.

Bilan de matière du coke sur le catalyseur

$$\frac{dC_{coke,reg}}{dt} = \frac{(F_{cat,spent} C_{coke,sep} - F_{cat,reg} C_{coke,reg}) - \mathcal{R}_{cb}}{m_{cat,reg}} \quad (A.10)$$

Bilan d'énergie dans le régénérateur

$$\frac{dT_{reg}}{dt} = \frac{1}{(m_{catreg} C_{pcat})}[(T_{sep} F_{spentcat} C_{pcat} +$$

$$T_{air} F_{masregair} C_{pair} - T_{reg}(F_{regcat} C_{pcat} + F_{masregair} C_{pair}) - \Delta H_{cb} \frac{\mathcal{R}_{cb}}{M_{wcoke}}] \quad (A.11)$$

La vitesse de combustion du coke est donnée par

$$\mathcal{R}_{cb} = k_{cb} \exp(-\frac{E_{acb}}{RT_{reg}}) x_{O2} C_{cokereg} m_{catreg} \quad (A.12)$$

Fraction molaire de O_2 dans le lit dense

$$\frac{dx_{O2}}{dt} = \frac{1}{m_{airreg}}[F_{masregair}/M_{wair}$$

$$(xo2in - xo2reg) - ((1+\sigma) n_{CH} + 2 + 4\sigma)/(4(1+\sigma)) r_{cb}/M_{wcoke})] \quad (A.13)$$

La Figure A.2 présente les réponses en boucle ouverte du FCC à une variation de 5% du débit d'air dans le régénérateur. Les évolutions de la température au sommet du riser et dans le lit dense du régénérateur ainsi que la quantité de coke dans le riser sont aussi présentées. Ces réponses correspondent à un système de premier ordre. Au vu de ces résultats, ce modèle pourra être utilisé pour la commande des FCC mais nécessite un certain nombre de réglages.

Annexe A. Modèle proposé

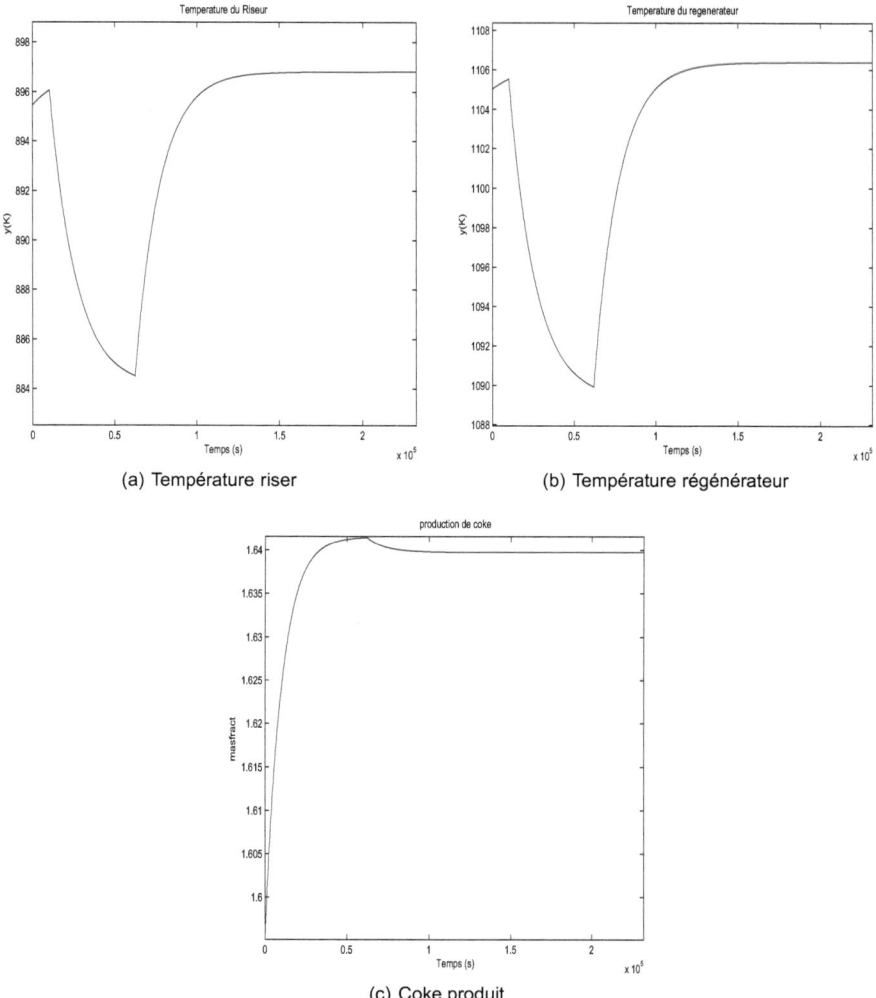

(a) Température riser
(b) Température régénérateur
(c) Coke produit

Figure A.2 – Réponses transitoires à un échelon de 5% du débit d'air dans le régénérateur

Oui, je veux morebooks!

i want morebooks!

Buy your books fast and straightforward online - at one of world's fastest growing online book stores! Environmentally sound due to Print-on-Demand technologies.

Buy your books online at

www.get-morebooks.com

Achetez vos livres en ligne, vite et bien, sur l'une des librairies en ligne les plus performantes au monde!
En protégeant nos ressources et notre environnement grâce à l'impression à la demande.

La librairie en ligne pour acheter plus vite

www.morebooks.fr

VDM Verlagsservicegesellschaft mbH

Heinrich-Böcking-Str. 6-8   Telefon: +49 681 3720 174   info@vdm-vsg.de
D - 66121 Saarbrücken   Telefax: +49 681 3720 1749 www.vdm-vsg.de

Printed by Books on Demand GmbH, Norderstedt / Germany